Elise Polko, Eduard Vogel

Erinnerungen an einen Verschollenen

Elise Polko, Eduard Vogel

Erinnerungen an einen Verschollenen

ISBN/EAN: 9783742868510

Hergestellt in Europa, USA, Kanada, Australien, Japan

Cover: Foto ©Thomas Meinert / pixelio.de

Manufactured and distributed by brebook publishing software
(www.brebook.com)

Elise Polko, Eduard Vogel

Erinnerungen an einen Verschollenen

Erinnerungen

an einen

Verschollenen.

Aufzeichnungen

und

Briefe von und über Eduard Vogel.

Gesammelt von seiner Schwester

Elise Polko.

Leipzig,

Verlagsbuchhandlung von J. J. Weber.

1863.

Motto:

Des Menschen Thaten und Gedanken — wißt!
Sind nicht wie Meeres blind bewegte Wellen.
Die inn're Welt, sein Mikrokosmos, ist
Der tiefe Schacht, aus dem sie ewig quellen.
Sie sind nothwendig, wie des Baumes Frucht,
Sie kann der Zufall gaukelnd nicht verwandeln.
Hab' ich des Menschen Kern erst untersucht,
So weiß ich auch sein Wollen und sein Handeln.

Schiller.

Das Recht der Uebersetzung ist vorbehalten.

Sr. königl. Hoheit

Friedrich Wilhelm,

Kronprinz von Preußen,

in tiefster Ehrfurcht gewidmet

von der

Verfasserin.

Vorwort.

———

Es ist die Schwesterhand, die es versucht, in den
nachfolgenden Aufzeichnungen und Briefen ein getreues
geistiges Bild des verschollenen Bruders allen Denen
vor Augen zu führen, deren Blicke ihm mit warmer
Theilnahme auf seiner gefahrvollen Wanderschaft folg=
ten. Erinnerung hat den Pinsel geführt, die Farben
zu dem kleinen Aquarell lieferten die Blumen aus dem
Garten seiner Kindheit und Jugend, seine eigenen
frischen Briefe aus der Zeit seines Berliner und Lon=
doner Lebens, und ein Theil seiner Reiseaufzeichnungen.
Nicht der geistreiche Kopf des Mannes, dessen Name der
Wissenschaft angehört, nicht die kühnen Züge des For=
schers und muthigen Wüstenwanderers sind es, die
ich hier wiederzugeben wage, nein, nur das kindliche,
heitere Antlitz unseres Eduard, des guten, tüchtigen

Menschen, wie wir, die Seinen, und seine Freunde ihn kannten, liebten und — beweinen. Ich habe deshalb auch jedes Briefblatt und jede Erinnerung in die vorliegende Sammlung aufgenommen, die zur wirklichen Porträtähnlichkeit beitragen. Sind aus diesem Grunde nun vielleicht der Striche und Pünktchen allzuviele geworden, — so habe ich dafür nur eine Entschuldigung: ich malte con amore.

Minden, im Februar 1863.

Elise Polko.

Erinnerungen an einen Verschollenen.

———

Unsere verklärte Mutter pflegte mit besonderer Vor=
liebe folgende kleine Geschichte zu erzählen. Als
Eduard in den ersten Abendstunden des 7ten März 1829,
seinem Geburtstage, zum ersten Mal als wohl einge=
kleideter Erdenbürger von der Wärterin den glücklichen
Eltern zugetragen wurde, schlief er nicht, nach Art der
Neugeborenen, sondern hatte die großen Augen hell auf=
geschlagen. In der Ecke des Zimmers brannte ein Licht
und dahin gingen die Augen des Kindes, und als man
das Licht wegnahm — wendete sich langsam das Köpf=
chen und der Blick folgte dem hellen Schein. Das
war eine Art Wunder für die Frauen Basen, die eben
dort versammelt waren, und es gab manch Geflüster
und bedenkliches Kopfschütteln unter ihnen, und manch
verstohlenes Achselzucken. Die junge Mutter selber
vergaß diesen Vorfall nie und bewachte in den ersten
Jahren mit doppelter Sorge das seltsame Kind, das
sich so früh schon nach dem Lichte gesehnt. Sie
haben denn auch fort und fort nur nach dem Licht
geblickt, diese Augen, bis zuletzt — unverrückt und
ungeblendet.

1*

Meine Erinnerung malt mir den Bruder als ein sehr zartes nervöses Kind von sanftem anschmiegendem Wesen, das häufig kränkelte, aber von einer Engels=geduld war, in Krankheit und Schmerzen. Ein schlankes Figürchen, ein feines blasses Gesicht, zarter Teint, blondes Haar und die schönsten graublauen Augen mit dunkeln Wimpern und Brauen machten ihn zu einem Kinde, das Jedermann auffiel. Es war ein eigener Zauber um ihn und in der Art wie er redete und blickte, alle Menschen hatten ihn gern, von den Freunden des Hauses an bis herab zu der Milchfrau und Näherin.

Als die Mutter mit uns fünf Kindern im Herbst des Jahres 1831 von Crefeld dem Vater nach Leipzig folgte, damals in einem eigenen Reisewagen und in Tagereisen, war es Eduard, der Jüngste, auf den sich all unsere Sorge und Liebe richtete. Selbst Schreiberin dieses, ein arger Wildfang, wurde diesem Bruder gegenüber sanft und geduldig, und hielt sogar fast regungslos still, wenn er den Kopf an ihre Schulter lehnen und schlafen wollte, und war nicht eifersüchtig, wenn ihn die Mutter stundenlang auf ihrem Schooße hielt. Zu=weilen, denn die Pferde beeilten sich nicht allzu sehr, wurden wir Alle aus dem Wagen gehoben und durf=ten eine Strecke nebenher laufen, Blumen pflücken und Schmetterlingen nachjagen. Eduard blieb natürlich wie ein kleiner Prinz mit der Wärterin im Wagen sitzen, und wir warfen ihm, als ob das so sein müßte, das Schönste und Beste zu, was wir fanden. — Leipzig, die große, lebendige Stadt, nahm uns Alle sehr bald gefangen, besonders wenn wir sie in jenem Kleide sahen, das ihr nun einmal am besten steht, in dem bunt= schillernden Meßgewande nämlich. Wie im Traume ließen wir uns dann durch die Straßen ziehen und starrten die Buden an, und wenn wir nach Hause kamen, ging es gar laut her in der Kinderstube, denn das Eine wußte noch mehr zu erzählen als das Andere. Auch für Eduard hatte, als er ein paar Jahre älter gewor= den, das Treiben der Messe viel Anziehendes, er ver= langte zu solcher Zeit nie mehr „Lehrer und Schule", sondern nur „Messe" zu spielen. Als er ein Kind von fünf Jahren war, ereignete sich in der Ostermesse folgender Vorfall:

Die Mutter führte uns eines Tages an die berühm= ten Pfefferkuchenbuden, die damals auf dem sogenannten Naschmarkte aufgeschlagen waren. Allda gab es immer ein arges Stoßen und Drängen. Wir hatten uns dicht um die Mutter geschaart, und schauten vergnügt ihrem Einkauf zu. Niemand von uns hatte deshalb dar= auf geachtet, daß Eduard, der dicht neben der Mutter gestanden, sich einige Schritte von uns entfernte, um an einen Mann heranzutreten, der ein großes, auf Wachstuch gemaltes Bild trug. Allerlei wilde Thiere waren darauf mit erschreckendem Farbenaufwand ge= malt. Der Mann zog weiter, die Grimmaische Straße hinab nach dem Platz vor Reimer's Garten hin, wo damals die sogenannten Schaubuden standen — — das Kind lief neben ihm her, unverwandt jene Löwen, Tiger und Schlangen anstaunend, die da über ihm in

der Luft schwebten. — — Während deſſen — welcher
Schreck, welche Angſt, welche Sorge an der Pfeffer=
kuchenbude — welch Rufen, Suchen, Fragen und Hin=
und Herlaufen! — Die qualvolle Unruhe der Mutter,
ihre Bläſſe machte uns ganz unglücklich; dazu kam,
daß uns erſt den Abend vorher die Tante eine ſchreck=
liche Geſchichte erzählt hatte von einem geraubten Kinde,
das an einen Schornſteinfeger verkauft worden war.
Rathlos irrten wir umher, — mitleidige Menſchen traten
herzu, neugierige Verkäuferinnen verließen ihre Buden
mit allerlei Fragen, — das verſchwundene Kind wurde
vom Kopf bis zum Fuß beſchrieben, — vergebens, Nie=
mand wollte es geſehen haben. Endlich entſchloß ſich die
Mutter, mit uns nach Hauſe zu gehen, um ſich den
Rath, den Troſt, die Hülfe des Vaters zu holen.
Schneller legte wohl nie Jemand den Weg vom Markt=
platz bis zur Moritzbaſtei zurück, als wir Alle da=
mals. Und ſiehe, an der Ecke des Bürgerſchulgebäudes
kam uns der Verlorene an der Hand der Tante fröh=
lich entgegengeſprungen. „Ich habe die wilden Thiere
geſehen —“ ſagte er, „und dann haben mir die Leute
den Weg zum Papa gezeigt, als ich ſie darum fragte.“
Kein Vorwurf kam über die Lippen der Mutter, ſie
ſchloß nur ihr Kind feſt in die Arme und fragte unter
Thränen: „Wie konnteſt du allein ſo weit von mir
fortgehen?“ Ach! ſie ahnete damals nicht, wie viel
weiter er einſt von ihr gehen würde — — weit, weit
— bis zur Nimmerwiederkehr.

Später, von ſeinem ſiebenten Jahre an, als Schüler

der Bürgerschule, wurde Eduard kräftiger, das Allzu=
weiche, Träumerische seines Wesens verlor sich zur Be=
ruhigung der Eltern. Mehr und mehr zeigte er sich
als ein echter fröhlicher Knabe zu allerlei lustigen Strei=
chen aufgelegt, — aber der allgemeine Liebling blieb
er doch. Seine Lehrer waren seine besten Freunde,
und doch wurde ihm keiner seiner Mitschüler deshalb
gram. Er lernte leicht und war sehr gewissenhaft in
seinen Arbeiten. Bei den öffentlichen Schulprüfungen
zeichnete er sich durch die freiesten, klarsten Antworten
aus, die er mit laut tönender Stimme zu allgemeinem
Vergnügen vorzubringen pflegte, dabei allezeit die jedes=
malige Frage des Lehrers, wie die Vorschrift lautete,
wiederholend. Zu seinen größten Freuden gehörten
von allem Anfang an jene botanischen Spaziergänge,
die wir Geschwister zuweilen in Begleitung eines freund=
lichen Lehrers machen durften. Da war ihm kein Wetter
zu schlecht, kein Weg zu weit, kein Sonnenschein zu
heiß, — und wenn wir Alle klagten — er klagte nicht,
und den schönsten Blumenstrauß, die reichste Ausbeute
brachte sicher e r nach Hause, und sein Gedächtniß für
die botanischen Namen der Pflanzen, die seine kleine
Hand kaum umspannen konnte, war erstaunlich. Jede
mitgebrachte Blume wußte er dann dem Vater zu nennen,
während wir Andern kaum drei oder vier der bösen
lateinischen Bezeichnungen behalten hatten. Von Jahr
zu Jahr entwickelte er sich durch fleißige Bewegung in
frischer Luft, durch Turnen und Schwimmen körperlich
freier, und bald war keine Spur mehr von dem zarten

nervenschwachen Kinde in dem gebräunten, abgehärteten Knaben zu entdecken. Sein erster Ruf, wenn er nach Hause kam, war und blieb freilich nach wie vor: „Mutter!" — der zweite jedoch lautete regelmäßig: „Butterbrod!" — Allmählich suchte er auch, nach echter Knabenweise, eine Art Ehre darin, genau so zu sprechen, sich zu benehmen, anzuziehen, die Mütze zu tragen u. s. w. wie seine Schulgenossen, und der Schrecken der Mutter und Schwestern bei manchen aller- dings etwas derb ausfallenden Reden und Bewegungen machte ihm so viel Vergnügen, daß er ihn, so oft er nur konnte, hervorzurufen versuchte. Ein gewaltsames Ver- läugnen jeder Art von Empfindung, ein Verspotten jeden Gefühls zog ihm in dieser Zeit in der Familie den Spott- namen „Holzblock" zu, eine Bezeichnung, die ihm zur größten Genugthuung zu gereichen schien. Trotzdem ver- läugnete er nie eine ihm angeborene Ritterlichkeit gegen das schwächere Geschlecht, und nie hat eine Mutter in dieser Beziehung einen aufmerksameren Sohn, nie haben Schwestern einen gefälligeren Bruder gehabt als eben ihn. Er übernahm die Ausführung aller diplomati- schen Verhandlungen zwischen seiner Schwester Elise und deren zahllosen Freundinnen, erbot sich sogar zum Dienst einer Brieftaube, und ließ sich's nie nehmen, die Schwe- stern aus allen Mädchengesellschaften in eigener Person abzuholen. Ein anderer Zug seines Wesens war die unbegrenzte wahrhaft ehrfurchtsvolle Liebe zu seinem Vater, und die rührende Unterordnung seiner selbst unter dessen Willen und Meinung. Was der Vater aus-

sprach, urtheilte, wünschte, gut hieß, war für ihn ge=
radezu ein Evangelium. Mit seinem einfachen: „Der
Vater hat es gesagt" schlug er alle andern Meinungen,
die sich ihm aufdrängen wollten, nieder. Auch um das
körperliche Wohl des Vaters äußerte er die kindlichste
Sorge, und wenn dringende Arbeiten den Vater über
die gewöhnliche Zeit Abends in seinem Studierzimmer
festhielten, so lief Eduard wohl hundert Mal die Treppe
hinab, um an seiner Thür zu lauschen, oder wohl auch
den Kopf hineinzustecken mit der Bitte: „Väterchen,
arbeite nicht so viel!" Wie oft, wenn unser geliebter
und verehrter genialer Hausfreund, der verstorbene Buch=
händler Wilhelm A. Barth den Vater aus der Arbeits=
stube entführt und mit sich genommen, bei welcher Ge=
legenheit die beiden Freunde sich meist erst nach Mitter=
nacht zu trennen pflegten, lief Eduard heimlich bei Nacht
und Nebel davon, wenn die Stunde der gewohnten
Heimkehr des Vaters vorüber und er noch nicht bei
uns war, um in dem Barth'schen Hause sich durch eine
Frage zu beruhigen. Die Mutter in ihrer Zärtlich=
keit, Geduld und Güte, in ihrer Thätigkeit und ewig
waltenden Sorge, war ihm mehr die menschliche Vor=
sehung, die treueste Gefährtin, sein guter Kamerad so=
gar, wenn ich so sagen darf, — der Vater aber das
Höchste, was es für ihn gab. Sein Verhältniß zu
seinen ältern Brüdern war allezeit ein herzliches, so wie
er auch an seinem Vetter Wylly Vogel aus Duisburg
a. Rh., der mit ihm erzogen worden und in gleichem
Alter war, mit großer Liebe hing. — Als ihm später

noch ein Bruder (Hermann) geboren wurde, zeigte er für
diesen Nachkömmling bis zuletzt die zärtlichste Zuneigung
und Sorge. Wie viele Pläne hatte er entworfen für
die Versorgung dieses Bruders durch ihn, — Pläne,
die alle unerfüllt bleiben sollten.

Eduards Neigungen zu den mathematischen Wissenschaften, die sich bei einem einjährigen Besuch der Real-
schule entwickelt hatten, traten bei dem Schüler der welt-
berühmten Thomasschule sehr lebhaft hervor, und machten ihn bald zu einem Liebling des Lehrers der Mathematik, des verstorbenen Mag. Hohlfeldt, dessen eigenthümliche Erscheinung wohl Jedem, der ihr begegnet, unvergeßlich geblieben sein dürfte. In den Promenaden Leipzigs
zeigte sich nämlich in den späteren Nachmittagsstunden fast
täglich ein sehr großer hagerer Mann, in langem gelb-
weißem Rock von einem Werther-Schnitt, und seltsam
geformtem Hut, eine Erscheinung wie nach einem alten
Bilde in Scene gesetzt. Der Kopf war stets etwas ge-
senkt, das Gesicht streng und finster. Nie sah man
ihn in irgend einer Gesellschaft, er war immer allein,
— bis Eduard sein Schüler wurde. Nach Jahresfrist
forderte er diesen einmal in seiner kurzen rauhen Weise
auf, ihn zu besuchen, ja er durfte ihn sogar auf seinen
Spaziergängen hin und wieder begleiten. Wie stolz
und glücklich war der heranwachsende Jüngling über
diesen Vorzug, um den ihn keiner seiner Mitschüler
beneidete, denn jeder fürchtete den „alten Bären“.
Aber der Herr Magister war ein Anderer, wenn der
aufhorchende, kluge junge Begleiter an seiner Seite ging.

Da redeten Lehrer und Schüler in traulichster Weise mit einander, und aus den Augen des einsamen, fast men= schenfeindlichen Mannes fielen allmählich Strahlen der Liebe auf ihn, der jener Wissenschaft ein so feuriges Interesse entgegentrug, der er selber ja sein ganzes Leben geweiht hatte. In diesen Privatunterhaltungen lernte Eduard, wie er später oft gestand, mehr als in den regelmäßigen Lehrstunden der Mathematik. Aber der alte Herr pflegte bei solchen Gelegenheiten nicht allein zu dociren und vorzutragen, er examinirte auch seinen Liebling durch allerlei Kreuz= und Querfragen oft haar= scharf. Da begab es sich denn eines schönen Frühlings= nachmittags in den Anlagen, ganz in der Nähe des be= rühmten Schneckenberges, daß Eduard zum ersten Mal eine Frage des Professors der Mathematik falsch beantwortete. Der Flieder blühte nämlich und der Goldregen, und der lustige Sonnenschein und die laue Luft hatten viele hübsche Leipzigerinnen herausgelockt. Die plauderten denn, lachten und schauten, und ließen den alten Lehrer und den jungen Schüler Revue passiren, streiften an ihnen hin, und die glänzendsten Mädchenaugen leuch= teten mit dem Himmel um die Wette. Ob da wohl Einer aus dem Concept kommen — oder eine Frage ver= kehrt beantworten konnte, der kaum sechszehn Jahre alt geworden? — Auf den strengen befremdeten Blick des Lehrers hin gestand denn auch der Schüler freimüthig, wenngleich erröthend, daß einige kecke Augen ihn außer Fassung gebracht. Darauf soll nun der Magister Hohl= feldt den Kopf geschüttelt haben mit den Worten: „Das

sind Glaskugeln, lieber Junge, und nicht werth, daß
man sie ansieht. Es wäre Schade um dich, wenn du
später einmal Zeit vertrödeltest mit solchem Spielzeug.
Komm zu mir, heut Abend sieben Uhr, da will ich dir
Schöneres zeigen, andere Augen, und dir zugleich noch
etwas zu thun geben. Bringe aber deinen alten Mantel
mit, und sage deiner Mutter, daß sie nicht Angst haben
soll, wenn du nicht zum Essen heim kämst, und deinem
Vater, daß du in guter Gesellschaft ein Glas Bier trinken
werdest.“

Und als Eduard Schlag sieben Uhr in die Stube des
alten Herrn trat, fand er seinen Lehrer gewaltig ver=
packt und vermummt seiner harrend. Draußen auf dem
Flur stand Hohlfeldt’s alter Diener mit einem Korbe,
aus dem einige Flaschenhälse herausschauten. „Nun
vorwärts marsch!“ sagte der Magister und alle Drei
wanderten, ohne ferner ein Wort mit einander zu wech=
seln, durch die Schloßgasse hinein in die Pleißenburg.
An dem runden Thurm der Sternwarte blieben sie
stehen, die Thüre wurde aufgeschlossen, viele, viele stei=
nerne Stufen erstiegen bis zu einer offenstehenden Fall=
thür. Sie traten hinaus auf die Plattform. Tief zu
ihren Füßen die Stadt mit ihren kleinen gelben Licht=
fünkchen, über ihnen der köstlichste klarste Sternenhimmel.
Wie ein gespenstisches Ungethüm stand ein großer Re=
fractor am Gelände: „Da guck’ hindurch, mein Sohn,“
sagte jetzt der alte Herr, „und die armseligen Glas=
kugeln werden dich fortan nicht mehr blenden, denke
ich! Werde du ein ordentlicher Anbeter dieser Augen

da und du wirst mir keine Antwort mehr schuldig blei=
ben. — Und nun wollen wir uns für ein paar Stun=
den hier einrichten, zu verhungern und verdursten brau=
chen wir nicht. Aber guck' nur durch den Refractor
— — sie werden dich schon festhalten, die Augen dort
oben!" — —

Das war das erste Rendezvous Eduards mit den
Sternen, und sie hielten ihn fest, sehr fest, und wenn
er später wohl zuweilen ein oder das andere Paar
jener „Glaskugeln" ganz allerliebst fand, — aus dem
Concept haben sie ihn in seinem ganzen Leben nie mehr
gebracht, wie an jenem Frühlingstage. Wer, wie er,
den ewigen Sternen so nahe stand, der folgt keinen
Irrlichtern mehr, wenn sie auch noch so neckisch und
reizend vor ihm auftauchen. Wie oft sagte mir Eduard
später: „Man wird wirklich ein besserer Mensch, wenn
man sich viel mit den Sternen beschäftigt, und man
lernt in ganz anderer Weise alle Dinge anschauen.
Demüthig wird man und fromm, aber freilich in
einer besondern Art, indessen glaube ich, dem lieben
Gott ist diese Art Frömmigkeit auch recht. Meine
schönsten Stunden sind die auf der Sternwarte zuge=
brachten."

Es war in seinem siebzehnten Jahre, als Eduard die
erste größere Fußreise durch sein liebes Sachsen, und
zwar in das sächsische Erzgebirge, unternahm. Schon
längst war es sein innigster Wunsch gewesen, einmal

allein auf sich angewiesen, ohne irgend eine Begleitung,
als etwa eine zufällige, ein Stückchen Welt zu durch-
pilgern, allein allerlei Hindernisse hatten sich bis dahin
der Erfüllung dieses Verlangens entgegengestellt. —
„Strenge dich nicht allzu sehr an!" warnte der Vater
beim Abschied, „du muthest dir gern zu viel zu!"
und die Augen der Mutter warnten und baten mit.
Nach seiner Abreise ging die Mutter mit mir für einige
Wochen nach Tharandt bei Dresden, ihrer angegriffenen
Gesundheit halber. An einem schönen Abend hatten wir
beide uns ein wenig verplaudert am offenen Fenster,
und es war schon Mitternacht vorüber, als wir uns
daran erinnerten, daß es wohl Schlafenszeit sein möchte.
Eben wollte ich das Fenster schließen, da schlug Jemand
auf der Straße nach Studentenart einige Male in die
Hände. Es war kein besonders kräftiger Laut, auch
geschah es in derselben Weise, die uns bekannt war,
denn die Studenten der dortigen Forstakademie riefen
sich immer so — und doch rief die Mutter heftig erregt
sogleich: „Das sind Hände, die mir gehören —
das muß Eduard sein!" Und er war es wirklich
— aber wie?! Ganz wie ein fechtender Handwerks-
bursch stand er nach einer Weile vor uns, aber trotz
alledem lachend und scherzend. Todtmüde und angegriffen sah er aus, und doch war er die letzten beiden
Stunden in einem Wagen, den er überholte, gefahren.
Der Kutscher hatte aber seinen kleinen Reisesack einstweilen statt der Zahlung dabehalten — der Geldbeutel
war mit dem letzten kärglichen Rest seiner Baarschaft

verloren gegangen, nicht weit von Chemnitz. — Und als
er die Reisetasche eingelöst und ausgepackt, da ergab
es sich denn, daß er das volle Lehrgeld eines unerfah-
renen Fußwanderers nach allen Richtungen hin bezahlt
hatte, mit wunden Sohlen, leerem Säckel und der Hälfte
der mitgenommenen Wäsche kam er an. Dafür brachte
er Bündel von Pflanzen und Steinen mit, und für
jedes verlorene Hemd und Taschentuch mindestens drei der
„herrlichsten Käfer der Welt", an denen freilich die neu-
gierigen Schwesteraugen durchaus nichts Besonderes zu
entdecken im Stande waren. Seelenvergnügt war er,
uns, trotz tiefer Nacht, beim Wirth im deutschen Hause
ausgekundschaftet zu haben. Ich sehe ihn noch deutlich am Tische sitzen vor der kleinen Lampe, die hell
auf sein Gesicht schien. Die feinen Züge erschienen ab-
gespannt und bleich, — die Augen glänzten etwas fieber-
haft. Den Rock hatte er ausgezogen, „um ihn endlich zu schonen," wie er sagte, und ein langes Nacht-
kleid der Schwester übergeworfen. Seine Zuhörerinnen
saßen ihm gegenüber, seinen lebhaften Erzählungen lau-
schend. Von Zeit zu Zeit warf er das lange Haar
mit der ihm eigenen Kopfbewegung zurück, — und trotz
des lockenden, eiligst herbeigeschafften Imbiß vergaß er
zuweilen Essen und Trinken über der Schilderung einer
Pflanzen- oder Käferjagd. — — Die Folgen dieser an-
strengenden Tour zeigten sich nur zu bald. Kaum nach
Leipzig zurückgekehrt, ergriff ihn ein heftiges Nerven-
fieber, und eine Zeit lang schwebte sogar sein Leben
in Gefahr. In seinen Fantasien waren es immer

nur seine Schule und seine Arbeiten, die ihn beschäf=
tigten, und in den hellen Augenblicken quälte ihn die
Sorge um versäumte Stunden. Unendlich gut und ge=
duldig zeigte er sich in der ganzen langen Krankheit, und
tief dankbar erkannte er die aufopfernde Pflege des
Engels unserer Kindheit, der treuesten zärtlichsten Mutter.
Ein Jahr nach seiner Genesung bezog er mit den
glänzendsten Zeugnissen aller seiner Lehrer als Student
der Mathematik und Naturwissenschaften die Universität
Leipzig.

Er war ein fröhlicher Student, unser Eduard, bei
allem Fleiß und aller Gewissenhaftigkeit. Keine Spur
von einem werdenden Stubengelehrten, kein hochmüthiges
Sichselbstgenügen, kein eckiges unbehülfliches Wesen:
frisch und frei, mit offenen Augen und Sinnen wan=
derte er einher. — Nicht ohne eine kleine Eitelkeit, die
ihm aber gar gut stand, stellte er sich eines Morgens
in einer schwarzen Schnurenpiquesche und grünem Stu=
dentenmützchen der Mutter und den Schwestern vor, und
brauchte die Prüfung der musternden Frauenaugen wahr=
lich nicht zu scheuen. Eine kleine Silhouette, im Be=
sitz des Vaters, zeigt ihn wunderbar treu in eben diesem
Anzug. Profil und Gestalt sind vortrefflich wieder=
gegeben, und uns Allen ersteht der Verlorene frisch und
lebensvoll aus diesem Bildchen seiner Jugendzeit, wäh=
rend sein späteres Porträt schon den ernster werdenden
Mann zeigt. — Damals war das Café Saxon der

Hauptsammelplatz der Studenten nach Tische, wo sie Zeitungen lasen und ihren Mocca zu sich nahmen. Wie oft quälte Eduard die Mutter wahrhaft, mit uns ein= mal dort vorüber zu gehen, um ihn an dem Fenster links als — wirklichen und ordentlichen Studenten da= selbst sitzen zu sehen. — Das Einzige, was er nicht lernte, um sich als echter Bruder Studio zu geriren, war: das Rauchen. Nach verschiedenen, nicht sehr glänzend endenden Versuchen, gab er es auf sich mit dem Tabak zu befreunden, zur heimlichen Freude von Mutter und Schwestern, die durch den Vater, der nie rauchte, in dieser Beziehung etwas verwöhnt waren. Im Trinken brachte er es auch nicht weit; nicht etwa daß er einen Salamander scheute oder sich von jedem Commers zu= rückzog, aber er liebte dergleichen reuevolle Freuden nicht. Dagegen machte ihm das Fechten großes Vergnügen, wie er sich denn auch im Schwimmen und Turnen fleißig übte, und als ganz besonders geschickter Springer bekannt war. Die Wanderlust, die in ihm schlummerte, schlug doch von Zeit zu Zeit immer wieder die Augen auf und trieb ihn zu Fußreisen und botanischen Excursionen, von denen er stets sehr angeregt und heiter zurückkehrte. — An hellen Abenden hielt ihn Nichts daheim fest, nicht die lustigste Gesellschaft, er eilte auf die Stern= warte zu seinen „lieben Sternen". Dort beobachtete und rechnete er und vergaß darüber Zeit und Müdigkeit. Mit doppelter Lust arbeitete er, wenn der Professor d'Arrest, sein Lehrer und Freund, dem er mit großer Innigkeit sich angeschlossen, ihn begleitete, oder wenn er seinen

„lieben guten Henſel" aus Zittau (jetzt Juriſt daſelbſt)
dort fand. „Ich glaube, die Sterne könnten mich
lehren, den Schlaf zu entbehren," ſagte er oft, „man
möchte mit tauſend Augen um ſich ſehen können und
hat gar keine Zeit, ſchläfrig zu werden!" — Oft kam
er erſt mit Morgengrauen nach Hauſe, und ſchlief dann
auch nur höchſtens drei bis vier Stunden, denn ſeine
Collegia hätte er um keinen Preis verſäumt. — Aber die
Nerven ertrugen doch alle dieſe Anſtrengungen nicht ohne
ſich zuweilen empfindlich zu regen. Heftiges Kopfweh
wechſelte oft mit ſeltſamen Viſionen, und er wußte ſeiner
Schweſter Eliſe in dieſer Beziehung manche Schauerge=
ſchichte zu erzählen, freilich fand er an ihr auch die aufmerk=
ſamſte und gläubigſte Zuhörerin. Einer eigenthümlichen
Begebenheit erinnert ſie ſich ganz beſonders. Eduard
vermißte bei ſeinen Beobachtungen ſeit längerer Zeit ein
Buch, das ihm von dem Profeſſor Möbius zum Ge=
brauch freundlichſt überlaſſen worden war. Viele Abende
ſuchte er vergebens danach, alle Winkel und Ecken des
Sternwartenzimmers durchſtöberte er, bei dem Profeſſor
ſelbſt und all ſeinen Freunden fragte er nach — um=
ſonſt, das Buch fand ſich nicht. Der angehende Aſtro=
nom vermißte es im Anfang allerdings ſchmerzlich, bis
er ſich allmählich in den Verluſt finden lernte und end=
lich deſſelben kaum mehr gedachte. Da, eines Abends,
— Eduard war am Tage auf dem Bienitz geweſen,
einem Hügel in der Nähe von Leipzig, um einem
kleinen Schmetterlinge, der ſich nur da aufzuhalten
pflegte und von den Sammlern ſehr geſucht war, nach=

zujagen —, saß der junge Student wiederum oben in dem einsamen Saal des alten runden Thurmes. Mitternacht hatte längst geschlagen. Die Wanduhr pickte eintönig, dann und wann flog ein Käuzlein mit heiserem Geschrei gegen die hohen Fenster, oder die Fledermaus streifte mit ihren Flügeln die Scheiben, daß es klang, als ob Finger darüber hinhuschten. Plötzlich — Eduard rückte eben das Fernrohr — war es, als ob sich die Thüre des Flurs öffne, gleich darauf springt die innere Thür ebenfalls auf — und der würdige Professor Möbius, im schwarzen Frack und sorgfältig geknüpften Halstuch, tritt feierlich herein. — Ehrerbietig, wenngleich höchlichst erstaunt über solchen späten Besuch in ful dress, erhebt sich der Student und begrüßt den verehrten Lehrer. Der aber beachtet ihn nicht, schreitet an ihm vorbei, tritt an einen Wandschrank, öffnet ihn, nimmt ein Buch heraus, legt es auf den Tisch und wandelt, ohne Gruß, wieder hinaus. — Eduard steht noch einen Augenblick wie erstarrt von dem seltsamen Wesen des sonst so freundlichen Mannes, dann aber ergreift er seine kleine Lampe und eilt ihm nach, mit dem Ruf: „Erlauben Sie, Herr Professor — — die Treppe ist ja ganz stockfinster!" Aber draußen war kein Professor zu sehen, der Vorflur leer — und das Licht der Lampe fiel weithin auf die ungeheure Treppe. Nirgend eine Spur des eben Entschwundenen — — keine Antwort wurde ihm, als er nun rief — schauerlich hallte die Stimme wieder. Da überfiel ihn ein Frösteln — er eilte zurück, packte seine Bücher

2*

und Papiere zusammen, zündete die Handlaterne an
und wollte eben die Lampe löschen, da fiel sein Blick
auf jenes langvermißte Buch, das jetzt mitten auf
dem Tische lag. — Er ließ es liegen, wickelte sich
in seinen Mantel und lief die Treppe hinab nach
Hause. An jenem Abend geschah es auch zum ersten
und letzten Male, daß er vergaß, der Mutter das
Papierstreifchen durch's Schlüsselloch in's Schlafzimmer
zu schieben, wie er das sonst zum Zeichen seiner glück=
lichen Rückkehr zu thun pflegte. Der Herr Professor
war natürlich höchst verwundert über die Existenz eines
Doppelgängers, aber zugleich erfreut über das Wieder=
erscheinen des vermißten astronomischen Werkes. — Am
nächsten Abend war aber der junge Sterngucker trotz
alledem wieder allein in der Sternwarte, gebrauchte so=
gar das gespenstische Buch, und vertiefte sich so in seine
Studien, daß er sogar ferner nicht mehr an die lustige
Tanzgesellschaft dachte, die er eben heimlich verlassen.

Der Tanz war für ihn eine große Freude. Um sich
würdig auf die sogenannten Professorenbälle vorzuberei=
ten, wo zum Glück für die tanzlustigen Damen nicht die
Herren Professoren, sondern die Studenten tanzten, wurde
Tanzunterricht genommen. Eduards Haltung beim Tanz
rief häufig die Neckereien der Schwestern hervor, er hatte
eine Neigung des Kopfes und Körpers nach vorn, auch
beim Gehen, wir nannten es „schieben". — Sein langes
und etwas steifes Haar, auf dessen aschblonde Farbe er ein
klein Wenig eitel war, flog oft auf eine mehr auffallende
als graziöse Weise, bei den heftigen Bewegungen des

Kopfes, umher. Er mußte nothwendig für sein erstes
Debüt auf den Bällen privatim eingetanzt werden, und
das gab den Vorwand zu manch heiterem Tanzabend
im engsten Freundeskreise. — Die leichten Gestalten der
Schwestern drehten sich unter Lachen und Scherz mit
dem Bruder und seinen Freunden im Tanz, und Vater
und Mutter sahen fröhlich zu. —

„O Jugend — o schöne Rosenzeit —
Die Wege, die Stege sind mit Blumen bestreut." —

Die Musik liebte Eduard leidenschaftlich. Der Musik-
sinn wurde früh in uns Allen durch unsere Mutter ge-
weckt, die ihre Kinderschaar jeden Tag in der Däm-
merung um ihr Clavier zu versammeln pflegte. Da
sang sie denn mit ihrer wunderschönen Sopranstimme
alte und neue Lieder, und wir sangen sie ihr nach, die
Brüder übernahmen dabei die zweite Stimme. Das gab
oft ein recht anmuthiges frisches Concert, dem der Vater
gar zu gern zu lauschen pflegte, so wie noch mancher
Andere. — Eduards Lieblingscomponisten waren Beethoven und Schubert; eine Sinfonie zu hören, oder im
Winkel zu sitzen, wenn seine Schwester Elise sang, gehörte zu seinen größten Freuden. In allen musikalischen
Gesellschaften war er ein gern gesehener Gast, er zeigte
sich als ein aufmerksamer Zuhörer und hatte ein klares
und feines Urtheil. — Seine eigene Stimme reichte
eben nur für seine geliebten Studentenlieder aus, die
er in seinem Zimmer oft zur Belustigung seiner Mutter
und Schwestern mehr feurig, als den Regeln der musikalischen Schönheit entsprechend, vorzutragen pflegte.

Unter den Dichtern war damals Schiller sein Ideal,
so lange eben Göthe's strahlende Sonne noch nicht vor
ihm aufgegangen, und jedes Winkelchen seines Wesens
durchleuchtet und erwärmt hatte, wie dies später der Fall.
In jener ersten Studentenzeit hat er seine Umgebung oft
ein Wenig gequält mit endlosen Monologen und Cita-
ten aus Schiller'schen Dichtungen, die er declamirte und
wobei er den Zuhörerinnen, ohne sich zu unterbrechen,
überall hin nachlief, aus einer Stube in die andere,
in die Küche, auf den Boden und in den Keller. —
Mit Feuereifer beschäftigte er sich mit dem Studium
der englischen Sprache, die ihn vorzugsweise anzog.
Ohne eigentliches Sprachtalent, das sich vom Vater auf
den Sohn nicht fortgeerbt, brachte er es doch in verhältnißmäßig kurzer Zeit dahin, sich verständlich zu
machen und Engländer zu verstehen. Das Englische
wurde ihm leichter als das Französische, das er nur
mittelmäßig und mit einem etwas sächsischen Accent
sprach. Doch liebte er, sich mit der französischen
Poesie zu beschäftigen, und übersetzte in seinen Freistunden viel Lamartine'sche Gedichte, und Lieder des
Béranger, unter denen ich die „welkende Feldblume"
als besonders gelungen hervorheben möchte.

Die welkende Feldblume.

Einst, ja einst blüht' ich auf grüner Flur,
Unter Gefährten sonder Zahl,
In der frischen, schönen, freien Natur,
Gegrüßt, geküßt vom Sonnenstrahl.

Wenn dann die Nacht herabgesunken,
Fingen wir leise zu plaudern an,
Haben uns Kraft im Thau getrunken,
Bis die Sonn' unser Aug' wieder aufgethan,
Dann freute uns wieder die grüne Flur,
Die ganze frische, freie Natur. —

Doch wenn schon mein Leben so kurz als schön,
Es ward bald grausam noch mehr verkürzt,
Jetzt hab' ich so lang' nicht die Sonne gesehn
Und Luft nicht geathmet von Blumen gewürzt.
Denn grausam riß man mich aus der Flur,
Vom Busen der schönen, freien Natur.
Und in einen kalten Scherben
Pflanzte man mich Arme ein,
Hätt' ich nur gleich können sterben,
Doch das konnt' und sollte nicht sein.
Lang' schwand schon im dumpfigen Zimmer
Mein Glanz, meine Pracht und mein Schimmer,
Schlaff hängt schon der Stengel von Sehnsucht geknickt,
Verweht ist mein Duft, der einst Alles entzückt,
Bald blüh' ich auf einer schöneren Flur,
Dort oben beim Schöpfer der ganzen Natur.
Mein Lebelang strebt' ich ja himmelwärts,
Drum weiß ich auch sicher: dort endet mein Schmerz,
Gen Himmel, gen Himmel ging stets ja mein Streben,
Drum wartet auch mein dort Licht, Freiheit und Leben.

Eduards Organ war angenehm und seine Sprech=
weise hatte etwas höchst Edles. Gewandtheit in der
Form und große Klarheit zeichneten ihn aus. Trotz=
dem konnte er im echten sächsischen Volksjargon Vor=
träge halten, die uns zu Thränen rührten vor Lachen.
Seine Productionen als Orgelmann vor einer auf Wachs=

tuch gemalten Mordgeschichte, mit begleitendem Gesang
in der Art des

"Wagner war ein großer Sünder"

— waren kleine Meistervorstellungen im urkomischen
Genre.

Die Frauen hatten übrigens den Studenten Eduard
ganz besonders gern; der schwärmerische Zug in den
Augen, der selbst bei aller Heiterkeit nie wich, zog sie
wohl am meisten an, und dann wußte er auch aller=
liebst zu plaudern. Nach der Meinung der Schwestern
plauderte er freilich zuweilen etwas zu viel, wir hatten
ihn die "summende Biene" genannt. Allein überall
und immer trat er mit einer Bescheidenheit auf, die
ihm alle Herzen gewann. Wer ihn unter allen Andern
mit flüchtigem Blick beobachtete, mußte ihn für einen
fröhlichen Gesellschafter, einen guten Kameraden und
flotten Bruder Studio halten, wer ihn aber eine
Weile reden hörte und ihm in die Augen sah, dem
schlug doch ein wunderbares Leuchten entgegen, —
Strahlen jenes Lichts, das "nicht von dieser Welt."

Die Heiterkeit Eduards fing nach dem ersten Jahre
seiner Leipziger Studienzeit an zu verschwinden, es
kam etwas wie Mißmuth und Unzufriedenheit zuweilen
über ihn. Ein Sehnen und Verlangen, für das er
keinen rechten Namen wußte, eine Unruhe, die ihn hin
und her trieb, überfiel ihn. "Ich habe noch zu viel
Zeit übrig, ich möchte noch viel mehr arbeiten," sagte
er zuweilen. Und dann wieder: "Das Leben geht so
entsetzlich schnell vorüber, und es giebt so über die

Maßen viel zu sehen und ich — habe noch nichts ge=
sehen", klagte er.

„O, die Schranken so eng — und die Welt so weit!" —
mochte es wohl unablässig in ihm rufen. Zur Mutter
besonders flüchtete er sich in all diesen ungleichen Stim=
mungen. Mit ihrer Engelsgeduld und Sanftmuth fand
sie auch immer das rechte Wort, den Zauberspruch, der den
finstern Geist wieder bannte, aber sie litt doch allmäh=
lich unter diesem Wesen Eduards. Da wurde endlich
heimlicher Rath gehalten, von den Eltern und Freun=
den, und der Beschluß gefaßt, den Ruhelosen in Berlin
seine Studien vollenden zu lassen. Wie ein frischer
Lufthauch, wie eine stärkende Brise flog es über seine
Seele bei dieser Nachricht. Berlin, der Sitz der Kunst
und Wissenschaft, die große anregende Stadt, Berlin
mit einem Humboldt, Ritter, Encke, und noch vielen
anderen berühmten Namen — ein Freudentaumel er=
faßte den jungen Studenten bei diesem Gedanken. So
schied er denn 1850 zum ersten Mal als 20jähriger
Jüngling aus dem Elternhause, und sein froher Ab=
schied that dem zärtlichen Mutterherzen weh. „Weine
nicht," bat er sie, „sei glücklich mit mir, jetzt geht es
ja vorwärts, Du sollst es sehen, unaufhaltsam vor=
wärts; ich verdiente ja sonst nicht Euer Sohn zu
heißen!" Wie hell es in ihm geworden, und wie
rasch die Blüthe seines Geistes sich unter dem Ein=
fluß der Notabilitäten der Wissenschaft und unter diesen
neuen anregenden Umgebungen entfaltete, zeigen die
nachfolgenden Auszüge aus seinen Berliner Briefen. Ich

theile sie möglichst unverkürzt mit, zum Beweis, wie er
so recht mit offnen Augen und Sinnen seinen Weg
ging, und weil sie zugleich das treueste Bild seines
ernsten, und doch heiteren, harmonischen Wesens und
kindlichen Herzens geben.

Erster Brief.

Aus einem Briefe an den Vater vom 19. April.

Ich habe schon wieder einige Bitten an Dich, liebster
Vater, zwar nicht um Geld, aber um einige Apparate,
die ich zu meinen Arbeiten nothwendig brauche. (Fol=
gen die Angaben der verschiedenen Instrumente.) — —
Ich brauche den letztgenannten Zirkel zu Kartennetzen,
die ich mir entwerfen möchte. — Ich habe nämlich,
wie ich wohl schon geschrieben, auf der Sternwarte
eine feste Arbeit, die Bestimmung der Polhöhe. Die
Beobachtungen, die ich zu dem Ende machen muß, fallen
in die Zeit von drei bis fünf Uhr Morgens. Da es
mir unangenehm sein würde, stets erst um diese Zeit
aufzustehen, so gehe ich schon um Mitternacht auf die
Sternwarte, bis dahin kann ich arbeiten. Um nun die
Stunden bis drei auszufüllen, hat mir der Herr Pro=
fessor Encke ein sehr schönes Dolland'sches Fernrohr an=
vertraut, mit dem ich Cometen suchen und dabei recht
bequem Himmelskarten zeichnen kann. An solchen fehlt
es nämlich sehr, denn keine der vielen vorhandenen
giebt Sterne unter der fünften Größe an, während
man doch zu allen Beobachtungen die Kenntniß derer

der achten und neunten bedarf. Die Akademie der Wissenschaften hatte eine Reihe von Karten herausgegeben, die aber nur den Thierkreis umfaßten, und so bin ich denn besonders von Herrn Luther aufgefordert worden, eine genaue Karte des nördlichen Polarkreises zu entwerfen, den ich aus den Fenstern des Zimmers, das mir auf der Sternwarte angewiesen, vortrefflich überblicken kann. Deshalb wage ich also die Bitte um Anschaffung eines kleinen Stangenzirkels, besonders da das kleine Unternehmen, das ich mit seiner Hülfe ausführen will — wenn es auch keinen Geldgewinn bringt, doch sicher dazu beiträgt, mich den Astronomen bekannt zu machen. Endlich möchte ich Dich um ein Schreiben an einen hiesigen Buchhändler recht dringend ersuchen, damit ich mir einige Bücher ohne sofortige baare Bezahlung anschaffen könnte. Im Laufe des Halbjahrs werde ich gewissenhaft die so contrahirte kleine Schuld berichtigen. Sei überzeugt, daß ich einen solchen Credit nicht mißbrauchen, sondern mir nur das Allernöthigste anschaffen werde. —

Ich habe meine Arbeiten auf der Sternwarte schon am dreizehnten Abends begonnen. Nachdem der Herr Professor Encke mich eines Morgens ganz im Allgemeinen mit der Theorie des mir anzuvertrauenden Instrumentes bekannt gemacht hatte, alles Andere aber nach Angabe der Quellen meinem Privatfleiße überließ, sagte er mir, ich solle mich nur am nächsten klaren Abend einfinden, ihn aber davon benachrichtigen, da er das erste Mal mir mit Rath und That zur Hand gehen wolle. Ich

kam am Sonnabend um zehn Uhr Abends und ließ
dem Herrn Professor sagen, daß ich jetzt mit meiner
Arbeit beginnen wollte. Derselbe kam einen Augen=
blick heraus und sagte, ich solle nur immer mein Heil
versuchen, sein Bruder sei gerade da, — er werde nach=
her sehen, wie ich fertig geworden. Ich ging auf die
Sternwarte und fand mich allein in den mir ziemlich
unbekannten Gängen derselben, ohne Licht — keine an=
genehme Situation. Endlich stieß ich an einen Tisch,
auf welchem sämmtliche Lampen und auch Feuerzeug
sich befand. — Jetzt konnte ich das mir zugewiesene
Nordzimmer wohl finden, aber nun stand ich an meinem
Instrumente — welches ich noch nie Gelegenheit gehabt
hatte kennen zu lernen, da in Leipzig ein solches sich
nicht befindet, vor einer Uhr, von der ich nicht wußte,
wie viel Stunden, Minuten oder Secunden sie von der
wahren Sternzeit abwich, mit einem Verzeichniß von
Sternen in der Hand, deren Höhe über dem Horizont
in dem Momente, wo sie durch das Feld des Fern=
rohrs gingen, wohl angegeben war, aber ohne daß ich
wußte, wie der am Fernrohr befestigte Höhenkreis ein=
getheilt, wo sein Nullpunkt war, wie ich also meine
Sterne wirklich einzustellen hatte, — ohne Sternkarte,
auf der ich die Sterne hätte aufsuchen können, die ich
in dieser Zeit in meinem Gesichtsfelde erblickte, und bei
alledem eine Art der Beobachtung, die mir ganz un=
gewohnt und bisher ganz unbekannt war. Da galt es
nun zu versuchen, zu probiren, und bald bekam ich denn
auch einen mir bekannten hellen Stern des Orion ins

Fernrohr, aus dessen Beobachtung ich die Zeit, die Art
der Einstellung am Höhenkreise u. s. w. ableitete, so daß
ich, als um zwölf Uhr Herr Professor Encke im Schlaf=
rock und mit der ihn stets begleitenden Cigarre bei mir
eintrat, in seiner Anwesenheit zwei ziemlich gelungene
Beobachtungen machen konnte. — Jetzt bin ich mit
meinem Ost=West=Fernrohr durch dieses Selbstversuchen
vertrauter, als ich es durch eine lange Auseinander=
setzung geworden wäre. Nachher nahm mich der Herr
Professor in seine Stube und gab mir einige Dinte zur
Berechnung der von mir gemachten Beobachtungen, —
die Art und Weise, wie man das gewünschte Resultat
finden konnte, überließ er wieder ganz meinem Nach=
denken — ich habe diese Rechnung bereits zu seiner
Zufriedenheit ausgeführt und seitdem auch schon zwei
Nächte beobachtet. — Was meinen Studienplan in
diesem Semester betrifft, so werde ich vor allen Dingen
Herrn Professor Encke's Auflösung der numerischen Glei=
chungen, und dessen sphärische Astronomie, eine Dis=
ciplin, in der er einer der größten unter allen jetzt
lebenden Gelehrten ist, und bei deren Behandlung er
zugleich alle Zweige der Mathematik gründlich kennen
und anwenden lehrt, hören. — Ein anderes mathe=
matisches Colleg in dem, in Berlin sehr kurzen, Sommer=
semester anzunehmen, ward mir sehr abgerathen, zumal
da die Vorlesungen, die noch gehalten werden, eben
wegen der Kürze des Halbjahrs sich blos auf Einzeln=
heiten, als z. B. Variationsrechnung, Zahlentheorie
u. s. w., beziehen, und es doch nicht gerathen sein

würde, sogleich so·sehr zu specialisiren. Von Deinem Wunsche wird es abhängen, ob ich jetzt gleich meine philosophischen Studien beginnen und ob ich bei Ranke neuere Geschichte oder bei Stuhr deutsche Geschichte hören soll. Von der Physik möchte ich jetzt ganz absehen und alle mir zu Gebote stehende Zeit auf Ausfüllung der Lücken, die in meinem mathematischen Wissen vorhanden sind, so wie auf astronomische Rechnungen und das Studium der englischen Sprache verwenden. Vielleicht könnte mir der Herr Professor Kunze sagen, ob es gerathen wäre, bei Link allgemeine Naturgeschichte zu hören. Zugleich bitte ich den Herrn Professor bestens zu grüßen und ihn in meinem Namen um die Adresse irgend eines Berliner Botanikers zu bitten. Solltest Du es wünschen, so könnte ich Dir auch den Berliner Studiencatalog einsenden; derselbe ist indeß noch unzuverlässiger als der Leipziger, und noch jetzt, beim Beginn der Vorlesungen, verändern die Professoren die angeschlagenen Collegien, wenn sie sehen, daß sich wenig Zuhörer einfinden. Den 26sten beginnt Encke zu lesen. — Deine väterlichen und liebevollen Ermahnungen werde ich recht wohl beherzigen. Mehr als einmal habe ich Deinen lieben Brief vom 16ten durchgelesen. Wenn ich auch mein Wissen überschätzt hätte, hier kann man Bescheidenheit lernen. — Da ist Encke, — so hoch stehend, daß man nur mit Ehrfurcht zu ihm aufzublicken wagt, Prof. Dr. Galle, · einer der ersten Astronomen Deutschlands, — und dabei die Bescheidenheit, Anspruchslosigkeit und Freundlichkeit selbst, wiewohl stets sehr ernst und still, in

religiöfer und politifcher Hinficht leider zu fehr der
Parthei Gerlach-Stahl zugethan, der fich auch Encke zu=
neigt, Herr Luther, mein lieber Freund, der fich Stun=
denlang zu mir hinfetzt, um mir klar zu machen, was
ich nicht recht verftanden, der mir Bücher und Hefte
borgt, in Allem aushilft, wo ich nicht weiter kann, der
alle Abende mit mir fpazieren geht und nie im Ent=
fernteften ahnen läßt, wie hoch fein Wiffen über dem
meinen fteht, — wer in folcher Gefellfchaft mit Kennt=
niffen, wie die meinen find, prahlen wollte, der müßte
fich felbft lächerlich werden. — Meinen Haushalt habe
ich fo fparfam wie möglich eingerichtet. Ich brauche
weder Zucker noch Butter, effe nie auswärts zu Abend,
und Mittags fo wohlfeil wie möglich. Im Theater bin
ich erft zwei Mal gewefen, im Königftädtifchen in der
Sonambula, die italienifche Truppe ift ausgezeichnet —
wobei das Billet, Stehparquet, 10 Sgr. koftet, — und
der Curiofität halber im Friedrich = Wilhelmftädtifchen,
à 5 Sgr. — Ins Opernhaus und Schaufpielhaus
werde ich erft gehen, wenn ich mir den Gulden, den
ein einigermaßen anftändiger Platz dort koftet, felbft
verdient habe. Dagegen war ich geftern mit Luther in
der Hyacynthenausftellung, wo ich für 2½ Sgr. ein
Meer von Hyacynthen und Tulpen fah, was mich in
Erftaunen und Entzücken verfetzte. Feld an Feld, in
den zartesten wie glühendften Farben, ftehen diefe fchönen
Blumen und bedecken einen Flächenraum von einer halben
Stunde Länge und einer Viertelftunde Breite. Straßen=
weit ftrömt Einem der Duft entgegen und beim Ab=

schied bekommt jeder der Besucher Hände voll abgeschnit-
tener herrlicher Glocken, mit denen ich, da ich den Duft
nicht vertragen kann, meine Wirthin beglückte, mit der
ich alle Ursache habe höchst zufrieden zu sein. Der
Thiergarten hat mich in meinen Erwartungen nicht be-
friedigt, — es ist weder recht Kunst noch recht Natur
dort zu finden, er macht einen traurigen Eindruck auf
mich, der ich stets an meinen frischen grünen sächsischen
Eichenwald denken mußte. Der ist mir in seinen un-
bedeutendsten Parthien lieber als die ganze Umgegend
Berlins, Hasenhaide, Goldfischchenteich und Belle vue
mit eingerechnet. — Nun genug für diesmal, liebster
Vater u. s. w.

Zweiter Brief.

Berlin. Lindenstraße 84. 3 Treppen. Mai 1850.

Liebster Vater!

Ich bin besorgt, daß mein Brief vom 30sten April
nicht in die Hände der guten Mutter gekommen, denn
durch allzupünktliches Beantworten meiner Schreiben bin
ich so sehr verwöhnt, daß es mich schon ängstlich macht,
bis jetzt noch keine Zeile empfangen zu haben. Diese
vielleicht übertriebene Sorge wirst Du hoffentlich in Betracht meiner kindlichen Liebe und in Rücksicht auf die
Gefühle, die einem Studenten zu Anfang eines neuen
Monats inhaltsschwere Briefe von Haus besonders
angenehm sein lassen, wohl entschuldigen, und mich

durch schleunige Beantwortung meines Briefes aus ihr reißen. Sollte es dazu für Dein liebendes Vaterherz noch eines Motivs bedürfen, so laß Dich durch das bekannte: bis dat qui cito dat, leiten, was ich aber nicht so zu verstehen bitte, als ob fünf umgehend eingesandte Thaler zehn ganz zu ersetzen im Stande wären. Nun, ich hoffe, Du wirst meine zarten An= deutungen nicht mißverstehen. Meine Gesundheit läßt nichts zu wünschen übrig, meine Verhältnisse hier haben sich sämmtlich sehr freundlich gestaltet — schon bin ich in einer Rechnung für das Berliner Jahrbuch, für die ich zwar, weil es meine erste ist, noch nichts zu hoffen habe, die mir indessen andere Arbeiten verschaffen wird, welche hier verhältnißmäßig anständig honorirt werden. Bekanntschaften habe ich hier noch keine einzige gemacht, R. Luther*) ist noch immer mein einziger Umgang**). Jeden Tag lerne ich ihn mehr achten, verpflichtet er mich zu größerem Dank. Die hiesigen jungen Mathe= matiker sind fast alle Anhänger von Jacobi und als solche reine Theoretiker, die alle Praxis gründlich ver= achten und jede Untersuchung für eines großen Geistes unwürdig halten, deren Resultate nur irgend wie und wo eine Anwendung finden könnte. Zahlentheorie, ein höchst unfruchtbares Studium, ist ihre Hauptbeschäf=

---

*) Jetzt Director der Sternwarte in Bilk bei Düsseldorf.

**) Später erweiterte sich der Kreis seiner Freunde, und mit besonderer Vorliebe erwähnte er die Gebrüder Rümker aus Ham= burg, Sieveking ebendaher und Adolf Barth aus Leipzig.

tigung. Das praktische Rechnen, was Jacobi, eben=
so wie die astronomischen Beobachtungen, für Haus=
knechtarbeit erklärt, wird von seinen Jüngern demnach
gründlich verabscheut, worüber alle Professoren, die nicht
dieser Richtung angehören und die Theorie mitunter an
Zahlenbeispielen erläutern wollen, gar sehr klagen. —
Die Güte des liebenswürdigen Herrn Professor Ritter,
der mich am 11ten mit in die Sitzung der geographi=
schen Gesellschaft, wo er einen Vortrag hält, nehmen
wird, hat mir die Benutzung der königl. Bibliothek er=
möglicht. Dieselbe läßt mich indessen die Universitäts=
bibliothek nicht vergessen, — in Mathematik ist sie sehr
schwach, auch ist das Personal keineswegs gefällig gegen
das Publikum. Ein Glück für mich, daß mir die reich=
haltige Sternwartenbibliothek offen steht. — Beim Herrn
Professor Ritter hospitire ich fleißig. Nie habe ich eine
Ahnung gehabt, daß Geographie sich so behandeln läßt,
— ich habe schmerzlich bedauert, daß ich mich nicht
schon in Leipzig, wo ich durch Dich so herrliche Ge=
legenheit dazu hatte, mit ihr mich beschäftigte. Im
Winter werde ich sie ernstlich vornehmen. — Antiken=
cabinet und Gemäldegallerie habe ich mit höchstem Ge=
nuß schon fleißig besucht. Letztere scheint mir aber doch
der Dresdener bedeutend nachzustehen, indeß enthält sie
doch vieles Seltene und Hinreißende. Ihr Besuch würde
mir jedoch weit nützlicher sein, wenn ich irgend ein Hand=
buch der Geschichte der Malerei besäße, und Einiges
über die bedeutenderen Künstler der verschiedenen Schulen
nachlesen könnte. Es sind in den weiten Sälen des

Museums gar zu viele mir ganz unbekannte Namen durch mitunter ausgezeichnete, fesselnde Werke vertreten, — könntest Du mir also ein Werk empfehlen, aus dem ich sie kennen lernte, so würdest Du mich zu großem Dank verpflichten. In der letzten Woche war ich einmal bei dem freundlichen Professor Beckmann zu Tisch, — er läßt bestens grüßen, und ich folge seinem Beispiel, indem ich mich allen Lieben in Leipzig schönstens zu empfehlen bitte. In der Hoffnung, meinen Brief baldigst beantwortet zu sehen, bester Vater, verbleibe ich
Dein
dankbarer gehorsamer Sohn
Eduard.

Dazwischen kam an die Mutter nicht lange darauf folgender echter Studentenzettel mit dem Motto:

„Und hat der Bursch kein Geld im Beutel.“

Dritter Brief.

Liebe gute Mutter!

In Anbetracht, daß wir schon den sechsten eines neuen Monats haben, in Rücksicht darauf, daß mein ganzes Vermögen nur noch in
15 Sgr. 8 Pf.
besteht, die Speisemarken sämmtlich verzehrt sind und ich mich Mittags mit zwei oder drei Bogen Pflanzenpapier behelfen muß, auf meinen Morgenkaffee auch nur drei Bohnen für vier Tassen nehmen kann, und ich also

die erfreuliche Aussicht habe, mich nächstens, wenn nicht bald Moos kommt, wie die Lilien des Feldes von meinem himmlischen Vater ernähren zu lassen, so ersuche und beschwöre ich Dein liebendes Mutterherz, den Herrn Papa zu bewegen, umgehends wenigstens einige Gelder zu schicken. Indem ich die bei Euch zufällig vergessene Botanisirbüchse in Erinnerung bringe, in die sich bequem Allerlei verpacken läßt, wie z. B. Thee und recht viel Wurst u. s. w., unterzeichne ich mich mit der dringenden Bitte um augenblickliche Hülfe als

Dein

langsam aber sicher verhungernder Sohn

Eduard.

Vierter Brief.

Juny 19. 50.

Lieber Vater!

Verzeihe, daß ich Deine letzten lieben Zeilen vom achten hujus erst so spät beantworte, heute ist aber der erste Tag, an dem ich so viel Zeit erübrigen kann, als ich brauche, um diese angenehme Pflicht zu erfüllen. Daß die Botanisirbüchse mit ihrem reichen Inhalt glücklich angekommen, meldete ich schon mit ein paar flüchtigen Worten der lieben Mutter. Nochmals herzlichen Dank dafür! — Ich muß Deine Güte heute wieder stark in Anspruch nehmen, lieber Vater, indem ich Dich bitte, die beiden inliegenden Briefe zu besorgen. Der eine ist an den Dr. d'Arrest, der andere aber an den Signor Annibale de Gasparis à Napoli, ich ersuche Dich, ihn der Post zu übergeben und — starke Zumuthung! — auch das Porto für ihn zu bezahlen. Besagter Signor hat nämlich, wie Du wohl weißt, die Parthenope entdeckt. Nun haben N. Luther und ich gemeinschaftlich Elemente und eine schöne Ephemeride dieses Planeten gerechnet, welche wir, — damit sie der Menschheit nützlich werden und unsere Namen verherrlichen, auf eigene Kosten in frankirten Briefen in der Welt umherzusenden müssen, da Herr Professor Encke sowohl Mühe als Kosten scheut, die Arbeit aber, welche uns ungefähr vierzehn Tage lang in angestrengtester Thätigkeit erhalten, wirklich einer weiteren Verbreitung werth ist. (Ich bitte, mir dieses kleine Eigenlob zu Gute zu halten, ich rechne ja nicht allein, sondern zugleich mit N. Luther!) Da es mir nun, gegen Ende des Monats, schwer fällt, einen Brief nach Neapel zu bezahlen, so ersuche ich meinen lieben Vater recht herzlich, selbiges an meiner Statt zu thun. Signor Gasparis wird sich über meinen Brief freuen und mir sicherlich sehr artig antworten. Luther besorgt übrigens die Correspondence nach Amerika, England und Hamburg, — hat also auch beträchtliche Auslagen zum Theil mit um meinetwillen. In der letzten Nummer der Schumacher'schen astronomischen Nachrichten ist eine Rechnung von mir publicirt, es ist die erste, die ich habe drucken lassen. In den nächsten Nummern folgen noch zwei andere. Daß die philosophische Fakultät in

Leipzig den guten d'Arreſt zum Doctor honoris causa creirt, hat mich ſehr gefreut. Wenn je Jemand dieſe Ehrenbezeugung verdient hat, ſo iſt er es, der erſte von allen jüngern Aſtronomen. Ich habe mir vorgenom= men, mit meiner Promotion auch ſo lange zu warten, bis man mich zum Doctor honoris causa macht, — es iſt das angenehmer und würdiger, als wenn man ſich durch bedeutende Geldopfer einen ſolchen — dann doch eigentlich leeren Titel erkauft — denn die Diſſer= tation und der Examen ſind ja nur eine Form. — Encke iſt gegenwärtig ſchon acht Tage in Hamburg, wo ſein Bruder geſtorben iſt, es iſt dieſe Reiſe Luther und mir ſehr lieb geweſen, wir haben unſere Arbeit in Ruhe vollenden können, deren Abſchluß er nicht hätte erwarten können. Wenn ich nämlich irgend eine Rechnung vorhatte, deren Reſultat ihn einigermaßen intereſſirte, ſo kam er ſicher mehrere Male, um ſich zu erkundigen, wie weit ich ſei. Da das nun furchtbar ſtörend, ſo flüchtete ich mich ſtets, wenn ich ſo etwas ahnete, zu Luther und fand dann bei meiner Rückkunft des verehrten Profeſſors Karte vor. In den beiden nächſten Wochen muß ich für das Berliner Jahrbuch rechnen, und Tag und Nacht darüber ſein, weil der Druck des betreffenden Bandes ſchon weit vor= geſchritten iſt. Hoffentlich bleibt es ſo kühl wie eben jetzt, denn bei ſtarker Hitze rechnen zu müſſen, iſt eine entſetzliche Qual. Ich habe in der letzten Zeit viel an Naſenbluten gelitten, trotzdem ich gar kein Bier und nur mäßig ſtarken Kaffee trinke. Wahrſcheinlich iſt das gänzliche Entbehren des kalten Bades daran Schuld,

ich muß diesem heilsamen Vergnügen entsagen, da die
nächste Badeanstalt, in der das Wasser erträglich klar,
etwa zwei Stunden von meiner Wohnung belegen (in
Treptow) und ich mich nicht entschließen kann, am Unter-
baum, an den die Spree anlangt, nachdem sie die
ganze Stadt passirt, Schlammbäder zu gebrauchen.
Warm bade ich dagegen öfter, ich habe eine recht
hübsche Badeanstalt in nächster Nähe. Von der Cho-
lera, die in Halberstadt so sehr wüthet, ist hier noch
keine Spur. Die Kirschen sind dieses Jahr besonders
herrlich und ziemlich wohlfeil, etwa 6 Pf. das Schock,
und ich esse viel davon, besonders in der Wärme, um
das Trinkwasser entbehren zu können, das hier herzlich
schlecht ist. — In politischer Hinsicht ist das Leben jetzt
sehr still — nur zuweilen bringen die großen Feste, die
der Treubund an hohen Geburts-, Namens-, Hochzeits-
und Todestagen veranstaltet, einige Bewegung hinein —
u. s. w.

Die ersten Herbstferien brachte Eduard im Elternhause zu, heiter und in der glücklichsten Stimmung und
sprudelnd froher Laune, voll von seinem neuen Leben,
dankbar für Alles, was er dort empfing, und für die
Liebe, die man ihm unter den Seinigen entgegentrug.
Es waren schöne ungetrübte Tage, diese Tage des Zu-
sammenlebens, und das Scheiden fiel diesmal doppelt
schwer, besonders der zärtlichen Mutter. Sie zu beruhigen, schrieb Eduard auch sofort nach seiner Rückkehr,
aus Berlin vom 16ten October, Folgendes.

Fünfter Brief.

Garten der Sternwarte (meine neue Wohnung).

Liebste Mutter!

In aller Kürze will ich Dir nur melden, daß ich gestern Mittag um 1 Uhr wohlbehalten hier wieder ein= getroffen bin. Von meinen Wirthsleuten sowohl, als von Luther, Galle und Encke bin ich sehr freundlich aufgenommen worden. Mein Stübchen ist klein*), aber höchst niedlich, 7½ Schritt lang, 6½ breit, und heizt sich prächtig, wie ich gestern Abend schon Gelegenheit hatte zu bemerken. Gestern Abend war bei mir grand souper von lauter Leipziger Producten, wozu ich Luther und Herrn und Madame Pilz eingeladen, bei welchem Anlaß denn der Wurstzipfel sein junges Leben aus= hauchte. — Den hessischen Thalerschein, mit welchem mich der Vater liebevoll beglückt, bin ich überraschender Weise auf der Eisenbahn los geworden. Bei dieser Gelegenheit möchte ich auch bitten, wenn man mir ein= mal Geld schicken sollte!!! nur preußische Tresorscheine einzupacken, wie es meine lieben Polko's thun, da säch= sische z. B. blos für 28 Sgr. das Stück angenommen werden. So wie ich hier mich eingerichtet haben werde,

---

*) Als er zum ersten Male diese Wohnung besichtigte, jenes seltsame Stübchen, das sein Licht wie durch eine Klappe von einem hochgelegenen Fenster erhielt, rief er: „Was? in dieser Flöte soll ich wohnen? — Doch was thut's, bin ich doch meinen lieben Sternen um so näher, da läßt es sich schon aushalten."

mehr. — Für heute nur noch die besten Grüße an Alle
und die Versicherung, daß mir die Tage, die ich jetzt
bei Euch verlebte, unvergeßlich sein und bleiben werden.

Ew. Wohlgeb.

dankbarlichst ergebener

Eduard.

Sechster Brief.

Berlin. Sternwartengarten 23/11. 50.

Ferner hätte ich noch eine Bitte an Dich, liebster
Vater! Wäre es nicht möglich, daß Du bei Alexander
von Humboldt einmal anfragtest, ob ich, Dein Sohn,
ihm meine Aufwartung machen dürfte. Abgesehen da=
von, daß ich gar zu gern diesen großen Mann ein=
mal sehen möchte, würde mir schon der bloße Um=
stand, daß ich bei ihm gewesen, bei Encke sehr nützen.
Ich hoffe also auf baldige Erfüllung dieses Gesuchs.
Vor acht Tagen habe ich bei Encke die erste Jahrbuchs=
arbeit erhalten, d. h. die erste, die mir bezahlt wird.
Es ist die Berechnung des Laufs der Venus für 1855.
Das Honorar beträgt 25 Thlr. — ich hoffe mit dieser
Rechnung bis Anfang Januar fertig zu sein. Der=
gleichen Arbeiten werde ich nun den ganzen Winter
hindurch machen, da ich ihrer so viele bekommen kann
wie ich zu bewältigen vermag, so daß ich zum Sommer,
wo die Honorare erst ausgezahlt werden, ein hübsches

Sümmchen bekommen werde. — Professor Ritter läßt sich Dir bestens empfehlen. Er ist recht alt geworden, und hat sowohl auf seiner Ferienreise wie nach derselben, wie er mir erzählte, sehr gelitten. — Auch konnte er seine Vorlesungen erst acht Tage später als er gewollt, beginnen. Sein Colleg wird etwa von 150 Menschen besucht; in der ersten Stunde wurde einem der Zuhörer Hut und Mantel gestohlen. Die Geographie, wie Ritter sie vorträgt, fesselt und interessirt mich sehr. Auffallend war mir der religiöse Zug, der gar sehr in ihr vorwaltet. Mit Trendelenburg's Geschichte der Philosophie komme ich recht gut fort. Ich arbeite sie besonders genau aus, einmal um für spätere Zeiten einen Leitfaden zu haben, — dann um mir den Stoff selbst um so fester einzuprägen. Mit meiner Gesundheit geht es recht gut, — ich hoffe, daß bei Euch auch Alles wohl ist — u. s. w.

Siebenter Brief.

December 10. 50.

Liebste Mutter!

Tausend Dank zunächst für die prächtige Sendung, welche mir ungemein wohlgethan hat und noch thut. Sodann wollte ich Dich fragen, ob Du die wichtige Botanisirbüchse etwa zum Weihnachtsbedarf zurück haben willst, oder ob Du für die an jenem Feste zu erwartende Sendung eine Kiste, Faß oder derartiges

Gefäß bei der Hand hast!!! Endlich die Bitte, Deinen Einfluß beim lieben Vater, den ich tausendmal zu grüßen bitte, dahin zu verwenden, daß er mir doch sogleich einiges Geld, womöglich 7 Thlr., zur Berichtigung meiner Monatsrechnung, die stets am 15ten einläuft, übersende. Die 20 Thlr., die er Deiner sinnigen Futter= ladung beilegte, waren für Collegiengelder bestimmt, für diesen Monat habe ich also nicht nur noch nichts bekommen, sondern hat mir der liebe Vater sogar noch eine schwere Ausgabe gemacht, indem er mir nicht, wie ich schrieb, 20 Thaler Gold, sondern blos 20 Thaler schickte. Ich mußte also, da das zu zahlende Honorar 4 Friedrichsd'or betrug, das Goldagio, bestehend aus 2 Thlr. 20 Sgr., aus meinem Studentenbeutel zahlen. Von des Directors Gerechtigkeit hoffe ich jedoch noch Restitution dieser großen Summe. Sonst geht es mir recht gut, nur habe ich sehr viel zu thun, weshalb ich es bei diesen wenigen Zeilen, deren größter Theil wieder= um zu Deinem und Väterchens gerechtem Entsetzen jenes alte Studentenlied:

„Wie sieht's mit meinem Wechsel aus?"

commentirt, bewenden lassen muß. Mit der Bitte, Alle tausendmal zu grüßen u. s. w.

Achter Brief.

Juli 51.

Liebster Vater!

Gar sehr hat mich Dein lieber Brief erfreut, nicht so sehr der Erfüllung meiner in meinem letzten Schreiben ausgesprochenen Bitten halber, als besonders wegen der Freundlichkeit, mit der Du sie erfüllst. Für Deine Bemühungen in Amerika bin ich Dir unendlich dankbar, ich hoffe, sie werden nicht fruchtlos sein.*) — Mein Verhältniß zu Encke wird immer freundlicher, so daß es mir recht leid thun wird, wenn ich von ihm weg muß. Von Rümker habe ich noch keine Nachricht, jedoch erwarte ich recht bald eine. In diesem Augenblicke rechne ich mit Georg Rümker die III. Bahn des neuesten Planeten Irene. Du mußt deshalb meine schlechte Schrift verzeihen, es werden die Finger vom Zahlenschreiben ganz krumm. Nebenbei beschäftige ich mich mit meinem Freunde Sieveking mit Statik und Mechanik, und lese Correcturen von Brunow's Astronomie. Meine Unterhaltungslectüre besteht augenblicklich in Göthe's Briefwechsel mit einem Kinde. Das Buch entzückt mich ungemein. Besonders prächtig sind Bettina's Briefe an die Frau Rath, und die Geschichten die sie von

---

*) Es gehörte zu Eduards Wünschen und Plänen, als Astronom nach Amerika zu gehen. — Auch war ihm bereits eine Stelle in Hamburg in Aussicht gestellt.

dieser erzählt, reizend ist ihre Naturschwärmerei, — nur
die Stellen, worin sie lediglich von ihrer Liebe zu Göthe
spricht, gehen mir weniger ins Herz. Göthe hält seine
Antworten in einem kühl väterlichen, ernst freundschaft=
lichen Ton, Bettina aber schwärmt ihn an wie ein
junges Mädchen ihren jungen Liebhaber, und das Alles
will mir nicht recht passen, wenn man an den alten
Geheimerath und die Frau von Arnim denkt. Die
Frau Rath sagt ihr Aehnliches auch oft mit klaren
dürren Worten, Bettina läßt sich aber durchaus nicht
stören. Was sie von der Musik sagt, ist mir, offen
gestanden, zu hoch. Köstlich und ergreifend dagegen
war für mich die Schilderung ihrer Freundschaft mit der
unglücklichen Günderode! — Und so hat mich denn
im Allgemeinen dieses Buch so warm gemacht, daß
ich, wäre ich nicht eine so entsetzlich unbedeutende Per=
son, wohl gern die Frau von Arnim einmal aufgesucht
hätte! — In der Hoffnung eines baldigen Besuchs bei
Humboldt lasse ich übrigens meinen (beiläufig gesagt,
herzlich schlechten, vom Mai 1848 sich her datirenden)
schwarzen Hut restau= und repariren, auf eigene Kosten!!
— Vergangenen Montag war ich wieder einmal im
Friedrich=Wilhelmstädtischen Theater und hörte eine sehr
gute Aufführung des Dittersdorf'schen Doctor und Apo=
theker, die mich höchlich amüsirt hat. Welch ein Humor
in Musik und Situation, wie arm erscheinen die neueren
sogenannten komischen Opern neben diesem Werk! —
In der großen Oper singt jetzt Roger aus Paris, ich
kann es aber nicht übers Herz bringen (Pardon, Mon-

sieur Roger!) seinetwegen 20 Silbergroschen für einen
Stehplatz hinzuwerfen. — Du mußt verzeihen, wenn
ich heute nur kurz geantwortet, — so eben kommt Georg
Rümker wieder, um die Bahn, die wir schon halb voll=
endet, weiter fortzusetzen. Bitte doch die liebe Mutter,
oder die gute, aber etwas schreibfaule Julie, daß sie
mir recht ausführlich von Allem, was in meinem alten
Leipzig Neues passirt, schreiben. Ich werde in den näch=
sten Tagen ausführlicher schreiben können, und wenn
ich es wagen darf, eine kleine Beschreibung meiner
letzten Reise, auf der ich viel Merkwürdiges gesehen*),
entwerfen. Und so verbleibe ich — u. s. w.

Neunter Brief.

— — — Ich habe mir auch den dritten Theil des
Kosmos angeschafft, lieber Vater, da er fast nur Astro=
nomisches enthält, und zwar eine Menge der brauch=
barsten Notizen, die man sonst aus den verschiedensten
Büchern zusammensuchen müßte. Ich habe ihn bereits
durchgesehen, — aufgefallen ist es mir, wie sich der
Verfasser gerade in diesem Bande jedes Urtheils über
irgend welche Hypothese enthält und blos referirt. Wenn
ich auch nicht viel Neues in dem Buche gefunden habe,
so ist seine Lectüre doch ungemein anregend. Es giebt
mir zahllose Winke über Beobachtungen und Arbeiten,
die noch zu machen, (Erscheinungen, die noch zu unter=

---

*) Eine wunderliche Fahrt nach Hamburg.

suchen sind; dann ist es eben so lehr= als genuß=
reich, die herrliche Sprache und Darstellungsweise zu
bewundern. — Ein recht angenehmes Geschenk könntest
Du mir mit den zwei ersten Bänden des Kosmos
machen, bester Vater. — Der Nov. 11 in Neapel ent=
deckte Planet hat den Namen Egeria erhalten. Ich
habe eine Ephemeride desselben für die astronomischen
Nachrichten der Berliner Sternwarte gerechnet. Gedruckt
wird sie wohl kaum werden, da Conferenzrath Schu=
macher auf den Tod krank ist, und deßhalb keine astro=
nomischen Nachrichten erscheinen. Schumacher ist ein
Siebenziger schon, und daher seine Krankheit um so ge=
fährlicher. Die Wissenschaft wird an ihm viel verlie=
ren, da mit seinem Tode die astronomischen Nachrichten
wohl eingehen würden, und dann Jahn's „Wöchentl.
Vorgänge" das einzige Organ der Astronomie wären,
— u. s. w.

Leider ist jener Brief Eduards, in dem er seinen
ersten Besuch bei Humboldt schildert, verloren gegangen.
Oft und gern pflegte er von jenem freundlichen Em=
pfang zu reden, den ihm der berühmte Mann zu Theil
werden ließ, und er wußte nicht genug das milde und
doch imponirende Wesen seines Gönners zu rühmen.
Denn ein Gönner wurde er ihm, der greise Gelehrte,
er nahm sehr bald ein warmes Interesse an jenem
Jüngling, der ihm so bescheiden und doch so sicher
entgegentrat, und mit dem es sich plaudern ließ wie
mit einem Mann. Er ließ ihn öfter zu sich kommen

und führte längere und eingehende, besonders astro=
nomische Gespräche mit ihm. Wie tief die Theilnahme
an dem jungen Afrika=Reisenden in der Seele Hum=
boldt's Wurzel geschlagen, beweisen jene rührenden
Briefe, die er an den Vater Eduards wiederholt schrieb,
und die dieser wie einen Familienschatz aufbewahrte.

Im zweiten Jahre seines Berliner Aufenthaltes war
es eben, als Eduard von seiner Reise in das Riesen=
gebirge mit reicher botanischer Ausbeute, und voll von
der Großartigkeit der Eindrücke, die er empfangen, auf
einige Tage das Elternhaus besuchte. Hier fand er
eine Nachricht, die ihn in einen wahren Feudentaumel
versetzte und seine geheimsten und leisesten Wünsche glän=
zend erfüllte. Durch die warme Empfehlung Encke's,
so wie durch astronomische Arbeiten auf ihn schon länger
aufmerksam gemacht, schrieb nämlich der weltberühmte
Planetenentdecker Hind in London an Eduard, und trug
ihm die Stelle seines Assistenten an der Bishop'schen
Sternwarte, in Regentspark, fürs erste Jahr mit einem
Gehalt von 800 Thalern an. Man hatte den Brief
von Berlin nach Leipzig geschickt. Eduards Entzücken
über diese ehrenvolle und angenehme Aussicht kannte
keine Grenzen. Wie ein beschenktes Kind jubelte er. Die
Mutter sprach oft nachher mit Wehmuth von diesem Jubel,
der ihr so recht die Worte in den Sinn kommen ließ:

„Mit dem Wandertäschchen voll Nöthigkeiten
Zieht dein Knabe fort —
    Du siehst ihm weinend nach, bis er verschwindet —
— Und nimmer wird er wieder dein! — —

Jetzt hatte sie ihn ganz verloren und für immer — sie fühlte das.

Eduard verließ Berlin ohne einen Pfennig Schulden; alle seine Angelegenheiten waren, trotz seiner immerhin doch nur beschränkten Mittel, auf das Pünktlichste geordnet, und diese Ordnung und Sorge in Bezug auf seine Geldverhältnisse hat ihn durch sein ganzes Leben begleitet. In andern Dingen war er weniger sorgsam; sein Zimmer trug zuweilen ein etwas geniales Gepräge, und durch kleine Zerstreutheiten verlor und verdarb er Manches. So erinnere ich mich lebhaft, daß er einmal mit seiner neuen Collegienmappe am offenen Fenster stand, im Begriff auszugehen, und sich einen Apfel wohl schmecken ließ. Der Apfel war bis auf das Ungenießbare verzehrt, das zum Fenster hinauswandern sollte. Statt dessen flog aber die Mappe auf eine seit acht Tagen mit dem schönsten Herbstregen genäßte Straße.

Eduard ließ noch von Leipzig aus in das Haus Polko, damals noch in Duisburg a. Rh., einen glückseligen Zettel flattern, der uns das wichtige Ereigniß seiner Berufung, so wie seine baldige Ankunft meldete, ging dann nach Berlin, um sich von all seinen Gönnern und Freunden zu verabschieden, die ihm noch Empfehlungsschreiben aller Art, so wie die rührendsten Beweise von Interesse und Liebe gaben, kehrte ins Elternhaus zurück und trat seine Reise nach London an. Zwei Tage hatten wir ihn bei uns, und erfreuten uns an seinem frischen frohen Wesen. Wer ihn da mit seinem anderthalb= jährigen Neffen spielen sah, und mit dem lieblichen Pfarrerstöchterlein Clara Krummacher (die nun schon längst unter grünem Rasen schlummert) über Musik, Tanz und Gedichte plaudern hörte, der hätte wahrlich keinen ernsten Astronomen in ihm gesucht. Er er= schien kindlicher, harmloser als je, und Fremde, die ihn in jener Zeit kennen lernten, hielten ihn für einen auf der Ferienreise begriffenen „Fuchs", so jung sah er aus, so unbefangen war seine Art sich zu benehmen und zu reden. Aber auch hier gewann er sich die Herzen von Alt und Jung, ohne die geringste An= strengung von seiner Seite. — Am 20sten November verließ er uns und schrieb vom 22sten der Mutter von Ostende aus:

Zehnter Brief.

Habe keine Sorge, liebste Mutter, wenn ein Brief von London aus vielleicht erst später kommt, als Du erwartest. Wir liegen, wie Du aus diesen Zeilen er= siehst, immer noch in Ostende und verzehren dabei leider Gottes sehr viel Geld. Da der Weg über Dover ge= rade noch einmal so viel kostet als der von hier direct nach London (ich gehe nämlich erste Kajüte, da die zweite ein Hundestall ist), 19 Francs bis London, wo= hin man, wenn man erst fort ist, in zehn Stunden kommt, — während von hier bis Dover der Post=Steamer

15 Francs koftet, dann Eisenbahn 21 Schillinge, — so
nahm ich ein Billet auf dem Panther. Man rühmt
ihn als eines der besten englischen Dampfboote. Wir
wären schon längst in London, wenn nicht plötzlich ein
so toller Sturm mit Springfluth gekommen wäre, daß
weder das Postschiff noch wir den Hafen verlassen konn=
ten und halb Ostende unter Wasser gesetzt wurde. Eben
ist nun das Dover'sche Schiff (Dampfboot) abgegangen,
und so hoffe ich, daß wir bald folgen werden. Der
größte Theil meiner Reise ist glücklich zurückgelegt, hat
aber mehr gekostet als ich erwartete, da das Gepäck
auf der belgischen Bahn komischer Weise mehr kostete als
meine Person. In Brüssel verfehlte ich leider Freund
Kufferath, den lieben Musikanten, der in Antwerpen
war; seine Frau habe ich dagegen gesprochen — sie
läßt bestens grüßen. Daß mich Polko's mit Zärtlich=
keit und Liebe überschüttet haben, brauche ich nicht erst
zu schreiben, die Details sollen von London aus fol=
gen. Die Gesellschaft auf dem Schiff ist gut, — ein
sehr liebenswürdiger junger Engländer nimmt sich meiner
recht freundlich an; ich benutze jede Gelegenheit mich
im Englisch Sprechen zu üben, Du weißt das. Uebri=
gens ist Ostende in dieser Jahreszeit ein sehr lang=
weiliger Ort, nur die Aussicht auf die herrliche See ist
entzückend. — Ich habe jetzt das Meer gesehen — das
schreibt sich so hin — was ich dabei empfand aber
nicht. — Doch nun lebe wohl und warte in Geduld
und ohne Sorge auf einen Brief aus London. Tau=
send Grüße an Papa und Alle.

4*

Elfter Brief.

Liebste Mutter!

Wenn Hamlet zu seinem Vater „Lebe wohl, gute Mutter!" sagen kann, indem er sich darauf beruft, daß Mann und Frau Eins seien, so kann ich wohl eben so gut das Schreiben des lieben Papa, welches ich zu meiner großen Freude vorgestern erhalten, durch diese, an Dich gerichteten Zeilen beantworten, besonders da des Vaters Brief eigentlich gar nichts enthielt, worauf eine Antwort im eigentlichen Sinne des Worts nöthig, sondern hauptsächlich die Aufforderung an mich, eine etwas detaillirtere Beschreibung meiner Reise und meines Lebens hier zu geben. Wenn ich mich dabei nun eines möglichst populären Vortrags befleißige, so kann besagte Erzählung recht gut für Dich verständlich und von In= teresse sein. Uebrigens hoffe ich, daß Du Dich nicht allein an derselben erbauen wirst, sondern auch allen übrigen Familienmitgliedern einige Brosamlein von dem fetten Mahl, das ich Dir zu bereiten eben im Begriff bin, zukommen läßt. — Ueber meinen Aufenthalt am Rhein wird Dir wohl schon die Lili (von der ich übri= gens sehnlichst Briefe erwarte) das Nöthigste geschrieben haben, ich kann deshalb gleich mit „Brüssel" mein Itinerarium beginnen. Es war zehn Uhr Abends, als ich nach einer langen, wegen des schwierigen Terrains aber sehr interessanten Eisenbahnfahrt in Brüssel ein=

traf, in einem Wetter, welches jeder Beschreibung spottet.
Nichts desto weniger ging ich, nachdem ich mein Ge=
päck im Hôtel de Brabant untergebracht, mit einem
Elberfelder Kaufmann, den ich in dem Waggon kennen
gelernt, noch in die prächtige Passage St. Hubert,
— eine mit Glas bedeckte Straße, 400 Schritt lang
und 40 Schritt breit, von beiden Seiten mit den reichsten
Läden eingefaßt — und sodann in eine Pharoschenke.
Es ist das keine Spielhölle, wie Du vielleicht bei Lesung
des Namens denken wirst, sondern ein Lokal, wo das
Brüssel eigenthümliche Bier, Pharo, ein rothes, saures
Getränk, was sich verdorbenem Aepfelwein sehr nähert,
geschenkt wird. Nachdem ich hierauf zum ersten Mal in
einem englischen Bette, (d. h. einem Kasten von sieben Fuß
Länge und Breite, ausgefüllt mit Stroh und harten
Matratzen, überdeckt mit einer wollenen und einer Katun=
decke, in dessen einer Ecke sich zwei handgroße Kopf=
kißchen befinden, die ihrer Härte wegen ein gutes Ver=
theidigungsmittel bei nächtigen Ueberfällen gewähren),
sehr schlecht geschlafen hatte, fuhr ich zum Observatorium
und zu Kufferath, welcher, wie ich Dir schon geschrieben,
gerade in Antwerpen war. Nachdem ich mich auf der
Sternwarte etwa zwei Stunden aufgehalten, lief ich in die
verschiedenen Gemäldegallerien Brüssels, sah Alles in der
Stadt, was in dem fußhohen Schnee zu sehen war (sogar
eine Fabrik der so berühmten Brüsseler Spitzen), und brachte
den Abend im Theater zu, wo ich für 1½ Frank (im
Parterre) eine ziemlich schlechte Aufführung der „Dame
blanche" und der Adam'schen Oper le Châlet sah und

dabei in fortwährender Lebensgefahr schwebte, indem
vom Kronleuchter sieben oder acht Lampencylinder her=
unterstürzten. Man schien daran sehr gewöhnt zu sein
und hatte sogar ein Netz unter der Theatersonne auf=
gehängt, die besten Stücke fielen aber doch entweder
durch oder darüber hinaus. Höchst ungenirt war das
Publikum, welches sämmtlich Nichthutabnehmungsver=
einen anzugehören schien, und sich so laut unterhielt,
daß man oft kaum die Pauken hören konnte, geschweige
denn gar die Sänger. — Unter den Monumenten
Brüssels ist eines besonders bekannt und berühmt, das
sogenannte „Manneken Piss“, ein Brunnen, auf welchem
eine allerliebste Kinderfigur von Bronce das Wasser auf
die allernatürlichste Weise von sich giebt. Es macht
einen wunderbaren Eindruck, wenn man die Brüsseler
Dienstmädchen Flaschen und Krüge ganz unbefangen
an diesem Quell füllen sieht, dessen auffallende Fassung
aus dem fünfzehnten Jahrhundert stammt, also als Alter=
thum nicht ohne Interesse ist. Die Stadt Brüssel selbst ist
nicht gerade schön, der Markt klein, höchst imposant aber
das Rathhaus und ein ihm gegenüberstehendes Gebäude,
aus welchem Duc d'Alba die Hinrichtung Egmont's
mit ansah. Prächtig ist das Innere der, äußerlich ziem=
lich vernachlässigten, Église de la St. Gudule, beson=
ders durch den reichen Schatz an Glasgemälden. —
Am Nachmittag des zweiten Tages meines Aufenthalts
in Brüssel fuhr ich nach Ostende, wo ich zwischen 7 und
8 Uhr Abends ankam und sogleich an Bord des „Pan=
ther“ ging, der mich nach England bringen sollte. Die

Gesellschaft in der ersten Kajüte (zweite kann man an=
ständiger Weise nicht fahren, da in derselben sich Ma=
trosen und Heizer aufhalten dürfen und man statt der
Betten nur hölzerne Bänke findet, — der ganze Unter=
schied beträgt auch nur 1 Thlr.) bestand aus zwei Eng=
ländern, mit denen ich mich stets unterhielt und die die
Liebenswürdigkeit selbst waren, — einem Italiener mit
seiner deutschen Frau und (recht hübschen) unverhei=
ratheten Schwägerin, einem Franzosen, mit seiner recht
netten Frau, und einem Schweizer. Um 11 Uhr sollte
das Schiff abgehen, alle Passagiere mit Ausnahme der
beiden Engländer und meiner hatten sich zu Bett ge=
legt; wir drei wollten bei einem Glase Grog die Ab=
fahrt wachend erwarten, als plötzlich der Capitän gegen
$^1/_4$12 zu uns kam und erklärte, daß das Postdampf=
schiff nicht auslaufen könne und einen Mann ver=
loren habe (den eine fallende Segelstange erschlagen);
er getraue sich auch nicht zu fahren und wolle den
Morgen abwarten, der Sturm sei fürchterlich und von
der Springfluth sei halb Ostende unter Wasser gesetzt.
Den Wind hatten wir schon lange donnern und klappern
gehört; wir eilten auf das Deck und sahen das Meer
recht lustige Wellen in die Straßen schlagen, die wir
beim Scheine der Laternen übersehen konnten, hörten die
Sturmglocken läuten und den Lärm der Ausräumenden.
Da blieb uns denn nichts Anderes übrig, als ruhig
den folgenden Tag abzuwarten, zumal da das Post=
boot, das eigentlich unter jeder Bedingung fahren mußte,
dasselbe Schicksal theilte. Am andern Morgen verhüllte

dichter Nebel die Aussicht, und deshalb glaubten unsere
Reisegefährten, die sich nach und nach ermunterten, steif
und fest, wir seien in London, suchten ihr Handgepäck
zusammen, und renommirten gewaltig, daß sie nicht die
mindeste Anwandlung von Seekrankheit gehabt, trotz
des starken Sturmes. Besonders glaubensfest waren
die Damen, die der Schreckensbotschaft, daß wir noch
in Ostende seien, nicht eher Glauben schenkten, als bis
ein heftiger Windstoß den Nebel zerstreute, und sie die
Größe ihres Unglücks überblicken ließ. Der jüngere
Engländer und ich machten uns nun auf die Wander=
schaft und gingen auf den vom Wasser der letzten
Nacht furchtbar mitgenommenen Steindamm, längs der
Ufer der wüthenden See, die Wogen heranwälzte, wie
ich sie mir nie geträumt hatte. Haushoch thürmten
sich die dunkeln Kämme auf und stürzten mit einem
Donner, gegen den die heftigsten Gewitterschläge ver=
schwanden, in weiße Schaummassen zusammen. Leider
war dieses prächtige Schauspiel nicht blos erfreulich: —
ein Schiff war in der Nacht gestrandet und diente nun
den Wellen zum Spielball — eine Stunde später war
von dem schönen Bau nichts mehr da als Holzsplitter,
die bis auf den Damm geschleudert wurden. Gegen
11 Uhr zeigten sich zwei Segel, die vor dem Hafen
kreuzten und sich nicht einzulaufen getrauten. Eins
derselben kam gegen 3 Uhr glücklich an, — eine fran=
zösische Brigg. Um 12 Uhr ging das Postboot in die
See und kam nach zwei mißlungenen Versuchen glück=
lich aus dem Hafen — am Leuchtthurm schlugen die

Wellen buchstäblich über das große Seedampfschiff zusammen. Wir wurden auf der Landungsbrücke von
einer Welle umgeworfen, so daß mir Hören und Sehen
verging und wir eilig an Bord zurückkehrten, um uns
umzuziehen. Nachdem wir am Nachmittag noch die
berühmten Austerbänke besucht, kehrten wir an Bord
zurück zu einer Partie Whist. Der Capitän überraschte
uns mit der angenehmen Nachricht, daß er um 11½ Uhr
Nachts auf alle Fälle in See gehen wollte, und so ver-
gingen die Stunden bei Kartenspiel und allerlei Spaß,
den uns die hübsche Schwägerin mit Kartenschlagen
machte, (mir sagte sie, daß ein deutsches Mädchen sich
sehr über mein Weggehen gräme, daß ich aber diese
nicht, sondern eine Engländerin nehmen würde), recht
rasch, und um ½12 Uhr verkündete uns die Schiffs-
glocke, daß es wirklich fortgehen sollte. Ich ging auf
Deck, um mir Alles ordentlich anzusehen. Der Wellenschlag und Sturm war fürchterlich; eine Woge nach
der andern schlug über das Schiff, so daß ich, der ich
mich an dem schwarzen Meere nicht satt sehen konnte,
unter ein Boot kriechen mußte. Als ich in die Kajüte hinunter kam, fiel ich gleich an der Thür und
rollte die ganze Länge des Raumes hinab bis ans
Kamin, wo ich mich an den Sopha's wieder aufrichtete
und — noch immer ganz wohl — mir die übrige Gesellschaft ansah. Der Franzose fluchte und betete ab-
wechselnd — so viel ihm nämlich sein Magen Zeit dazu ließ — und setzte diese angenehme Beschäftigung
die ganze Nacht durch fort. Der eine Engländer trank

fortwährend Wasser, um nur noch etwas von sich geben zu können, da er am Würgen bei leerem Magen fast erstickte. Der andere opferte mit großartiger Ruhe in regelmäßigen Pausen von fünf zu fünf Minuten. Der Schweizer, der zum Abendbrod fünfzig Austern verzehrt, gab alle einzeln von sich, und wünschte jeder mit einem kräftigen deutschen Fluche glückliche Reise. Der Italiener war ganz unfähig, sich des Waschbeckens zu bedienen, sondern opferte in jeder Lage und an jedem Orte, an den ihn das Schwanken des Steamers warf. — Aus der Damenkajüte scholl dumpfer Jammer bis zu uns herauf. — Nach einer Viertelstunde ging ich noch einmal auf Deck, wo ich einen ganz wunderbaren Anblick hatte. Die drei Leuchtthürme von Ostende wie ein dreifacher Stern waren das Einzige, was man in dem schwarzen Chaos, das uns von allen Seiten umgab, unterscheiden konnte. Die Sternchen schienen beim heftigen Schwanken des Schiffes bald in einem Abgrund zu leuchten, bald glänzten sie oben am Himmel. Der Wellenschlag nöthigte mich endlich mein Lager aufzusuchen, — kaum hatte ich mich gelegt, als der gute Gott Neptunus auch von mir Entrée sich erbat. Ich gab ihm willig in dreimaligen Abzahlungen, was ich eben bei mir hatte, und schlief darauf bis eine Viertelstunde vor Sonnenaufgang, wo mich der prächtige Morgen ins Freie rief, als eben der Schweizer die letzte Auster servirte. — Noch war kein Land zu sehen, aber unzählige Schiffe aller Nationen. Dicht an uns vorbei schoß der Dubliner Postdampfer, dann das Hamburger Boot, und

Segelſchiffe jeder Art. Die aufgehende Sonne beleuchtete
fern im NW. einen blauen Streifen — da kamen die
beiden Engländer, ſchüttelten mir die Hand und hießen
mich willkommen in Old-England. Eine Stunde dar=
auf paſſirten wir die Themſemündung, die Wellen wur=
den kleiner und mit ihnen zugleich nahm auch die Krank=
heit unſerer Reiſegeſellſchaft ab. Nach und nach kam
Alles herauf, ſich der zahlloſen Schiffe zu erfreuen.
Während wir in Brüſſel tiefen Schnee gehabt, hatten
wir nun recht angenehme Wärme, dieſelbe dauert noch
fort, es reift hier nicht einmal alle Morgen. Um 11 Uhr
warfen wir in St. Katharinen=Dock, in einem echt Lon=
doner Nebel, Anker. Nachdem mir die Engländer im
Zollhauſe ſehr freundlich beigeſtanden und mir ihre
Adreſſe gegeben, (leider in Mancheſter und Liverpool),
fuhr ich nach Regents=Park, während ich mein Gepäck
in einem Kaffeehauſe ließ, aus Sparſamkeitsrückſichten,
da meine Baarſchaft durch den Aufenthalt zu Oſtende,
wo es furchtbar theuer, und durch Zoll, den ich hatte
zahlen müſſen, ziemlich zuſammengeſchmolzen, ging ich
in kein Hôtel; Toilette hatte ich auf dem Schiffe ge=
macht. Daß ich ſehr liebevoll von Biſhop und Hind
aufgenommen wurde, habe ich ſchon geſchrieben. Mit
meinem Gehalte kann ich recht gut auskommen, wenn
ich auch mein jetziges Logis beibehalte, (da ich durchaus
eine Arbeitsſtube haben muß und nicht in einem Lod-
ging house wohnen kann). Wenn ich Logis, Frühſtück
u. ſ. w., Eſſen, Trinken, auch Einiges (etwa 1 Thlr.) für
Vergnügungen u. ſ. w. bezahlt und berechnet, bleibt mir

wöchentlich für Garderobe und zum Zurücklegen etwa 1 Ducaten (10 Schilling). Mein Vorgänger hatte auf diese Stelle hin geheirathet, und Bishop war sehr erstaunt, einen so jungen Mann als Assistenten zu bekommen. Geld habe ich noch nicht erhalten, Freund Scher hat mir ausgeholfen und sagte mir, daß ich noch etwas warten solle, ehe ich darum bäte. Scher geht es hier recht gut; erst vor acht Tagen erhielt er 40 Pfund (250 Thlr.) für ein geliefertes Porträt. — Was ich von London bereits gesehen, von Jullien's Monstre-Concerten u. s. w. u. s. w., im nächsten Briefe. Für jetzt nur noch, daß ich mich hier bereits vollkommen eingewohnt, daß es mir recht gut geht, ich unendlich viel Zeit für mich habe, während der vierzehn Tage, daß ich hier bin, das Wetter fortwährend trübe gewesen ist, und daß ich die abgeschickten Bücher leider noch nicht erhalten, indem im Winter, wenn die Elbe zugefroren, ein Buchhändler-Ballen von Leipzig bis hierher 36 bis 40 Tage braucht. Schickt also vorläufig keine Briefe mit dieser Gelegenheit. Tausend Grüße dem lieben Vater, den Geschwistern, der Großmutter, Mad. Gley, Flinschen's, Adéle F., Therese M. u. s. w. u. s. w. von Deinem

gehorsamen Sohn

Eduard.

London, die Weltstadt, imponirte ihm in den ersten Tagen gewaltig. „Wie im Traume durchzog ich die Straßen und ließ mich hin und her stoßen," erzählte er später einmal. — Ein Deutscher, unser liebenswürdiger Freund, der Maler Josef Scheß in Düsseldorf, damals schon längere Zeit in London, half ihm nach Kräften sich in das neue Leben finden, und führte ihn in die gastfreien Häuser seiner eigenen deutsch=englischen Freunde ein. Man nahm den jungen Fremden dort überall so warm auf, daß er sich gar bald bei seinen neuen Bekannten so heimisch fühlte wie bei alten Freunden. Zu Eduards schönen und großen Eigenschaften gehörte auch die Dankbarkeit, er vergaß keine ihm erzeigte Freundlichkeit, erinnerte sich jedes warmen Wortes, Niemand konnte ein treueres Gedächtniß für empfangene Wohlthaten haben als er. Mit Enthusiasmus sprach er daher allezeit von der Liebenswürdigkeit Bunsen's, des damaligen preußischen Gesandten am Hofe von St. James, so wie von der Güte der Familien Havenith und Burton. Sein erster ausführlicher an seine Schwester Julie gerichtete Brief enthält folgende Stellen:

Zwölfter Brief.

„Den Weihnachtsabend habe ich recht vergnügt bei Burton's zugebracht, die eine Menge großer und kleiner Kinder dazu eingeladen. Für die Kleinen gab es einen

prächtigen deutschen Christbaum zu plündern, Puppen=
theater u. s. w., für die Großen aber Ball bis zwei
Uhr, auf dem ich recht ordentlich, und so schön wie mög=
lich getanzt habe. Als ich nach Hause ging, begegneten
mir in jeder Straße Trupps von Musikanten, Weih=
nachtslieder spielend, nach altenglischer Sitte. Am ersten
Feiertag speiste ich bei Hind. Bishop hatte mich für
den nämlichen Tag zum dinner gebeten, ebenso Sween,
der den Vater bestens grüßen läßt. Richard S. war
schon wieder in Deutschland. An Bunsen sandte ich,
nach englischer Sitte, zugleich mit Pilgrim's Briefe ein
Billet mit der Bitte, mir zu erlauben, ihm meine Auf=
wartung machen zu dürfen. Er antwortete umgehend
durch eine Einladung zum Frühstück (23sten December),
behielt mich über zwei Stunden bei sich, und war un=
gemein liebenswürdig. Er hat mir erlaubt, seinen Cou=
rieren Briefe mitzugeben, was mir für meine Berliner
Correspondence sehr von Nutzen. Er erzählte mir gar
viel von seinen Forschungen auf dem Gebiete der Alter=
thumswissenschaften, mit einer Lebendigkeit, die sehr an
Humboldt erinnert. Bunsen ist aber durchaus kein vor=
nehmer Herr wie dieser, sondern so freundlich und herz=
lich, daß man die Excellenz darüber fast vergißt. — Bishop
ist immer noch so warm und liebenswürdig gegen mich,
wie er es von allem Anfang war. Ich habe schon
mehrere Male bei ihm gespeist, und bin immer sehr
wohl aufgenommen worden in seinem comfortablen
home. Er hat einige deutsche Worte, mit denen er
mich stets begrüßt, als: „Guten Morgen, lieber Herr!“

und: „Es ist sehr kalt heute." Mein Verhältniß zu
Hind ist so herzlich, als mein Verhältniß zu d'Arrest
nur immer war. Ich gehe häufig Abends zu ihm und
werde stets von ihm und seiner Frau mit größter Freund=
lichkeit empfangen. Er hat mich auf meinen Wunsch
zum Mitglied der astronomical society vorgeschlagen,
— es kostet mich das freilich jedes Jahr 2 pounds
(14 Thaler) und das erste sogar 4 pounds, — indeß
ist es auch eine Ehre, Männer wie Herschel, Adams,
Arw zu Collegen zu haben, — meint Ihr nicht? —
und die Druckschriften, welche die Gesellschaft heraus=
giebt, und welche ich als „fellow" alle unentgeltlich
erhalte, sind wahrlich auch nicht ohne Werth. Gehe
ich aber von England wieder fort, so hören nur die
Geldzahlungen auf, Mitglied, und mit allen Rechten,
die ein solches hat, bleibe ich für immer. In der ersten
Sitzung der Gesellschaft, der ich beiwohnte, waren die
meisten Mitglieder ausgeblieben, eines furchtbaren Nebels
wegen, der Dampfschifffahrt und Eisenbahn hemmte und
das Fahren in der Stadt fast lebensgefährlich machte.
— Von der Witterung hier ließe sich überhaupt viel
Sonderbares erzählen. Wir haben erst einen Tag Frost
gehabt (26sten December), sonst unaufhörlich Nebel,
wenig Regen, bei 5 oder 6° Wärme. Dabei ist es
so trübe, daß ich oft den ganzen Tag bei Licht arbeiten
muß, — bis um 11 Uhr Vormittags und von 2 Uhr
an gewöhnlich. — Zum botanischen Garten im Regents
parc habe ich freien Eintritt (durch Bishop), zum zoo=
logischen hoffe ich ihn noch zu erlangen. Dort ist

übrigens auch das Entrée nicht hoch), 1 Schilling, Mon=
tags nur 6 pence. Die Sammlung lebender Thiere
ist die schönste, die ich je gesehen, was freilich im Grunde
nicht viel sagen will, da ich weder in Paris, noch irgend
wo in einem derartigen zoologischen Garten war. Zum
ersten Male sah ich dort ein lebendes Chamäleon, die
großen sumatranischen Eidechsenarten, die indischen Gift=
schlangen, einen afrikanischen Elephanten, indischen Tapir
und das abscheuliche Nilpferd. Eben so waren mir meh=
rere der Antilopen neu. Interessant ist auch ein sehr
großer Oran=Utan, der meinen kleinen Bruder Hermann
tausend Mal grüßen läßt. Die Riesenschlange, die neu=
lich die wollene Decke verzehrte, befindet sich trotz dieser
Mahlzeit ganz wohl. — Von der Stadt London kenne
ich schon einen guten Theil. Ich kann von hier aus
(Primrose Hill) mit der Eisenbahn, die höchst inter=
essant über, durch und unter den Häusern weg geht, bis
an den Tower fahren, — für three pence (2½ Sgr.),
welche Bequemlichkeit mich häufig zu Ausflügen verlockt.
Uebrigens gehen Omnibus nach allen Theilen der Stadt
für dasselbe Geld, so daß es an Comfort für die Leute
der mittlern und untern Classen in dieser Beziehung
nicht fehlt. Gesehen habe ich, außer den Hauptgebäu=
den, St. Paul, Bank, Postoffice, Krystallpalast u. s. w.,
sämmtliche Themsebrücken und den Themsetunnel. Da=
zu benutzt man kleine Dampfboote, welche von fünf zu
fünf Minuten von Kewbridge bis Londonbridge, und
von da zum Tunnel fahren. Eine Sehenswürdigkeit —
denn es ist in der That mehr zu sehen als zu hören

dabei —, von der Du vielleicht in Deutschland gelesen haben wirst, sind Jullien's Monstre=Concerte im Drury= Lane=Theater. Das ganze Haus ist zu einem großen Saale umgeformt, auf der Bühne steht das Orchester, aber vollkommen frei, so daß man um dasselbe herum in die Conversations=Zimmer und Garderoben gehen kann, die zu Büffet= und Lesezimmern eingerichtet sind. In den letzteren hielt der Concertgeber auf seine Kosten etwa zweihundert verschiedene Zeitungen, unter denen auch einen guten Theil deutsche Blätter. Die Concerte selbst wurden von einem Orchester von hundert Mann aus= geführt, die ganz prächtig eingeübt waren, und eine große Anzahl wahrhafter Virtuosen unter seinen Mit= gliedern zählte. Das Programm bestand aus dem tollsten Gemisch von classischen Ouvertüren, Strauß'schen Walzern, Beethoven'schen Sinfonien u. s. w. Auch Ge= sang fehlte nicht. Das mir vorliegende Programm ent= hielt Piecen von Beethoven 2, Herold 1, Marliani 1, Bellini 2, Jullien 4, Meyerbeer 1 (Prophet), Baker 1, König 1, Mons 1. Das ganze Concert dauerte von 7 Uhr bis 1 Uhr Nachts. Entrée 1 Schilling, weshalb begreiflicher Weise die Gesellschaft sehr gemischt. Unter den Solospielern zeichnete sich besonders ein Italiener Bottessini aus, der den Carneval von Venedig auf dem Contrabaß spielte, allerdings eine wunderliche Idee. Ich habe schon öfters diesen Concerten beigewohnt, und mich stets gut unterhalten, da man nicht dazusitzen und un= beweglich zuzuhören braucht, sondern herumgehen, lesen, essen, trinken und dann wieder einmal ein Wenig Musik zu sich nehmen kann. Das Spaßhafteste war, Jullien dirigiren zu sehen; er ist der beste Comödiant, den ich je kennen gelernt. Der Lärm war — ganz dem Geschmack des versammelten Publikums entsprechend — fürchterlich, es fehlten nur noch die Kanonenschläge, obwohl auch diese es kaum der großen Pauke gleich gethan hätten, die, von vier Mann bearbeitet, die Wände beben machte. — Vorgestern war ich zum ersten Male in einem englischen Theater, und sah eine Pantomime, wie sie zwischen Weihnacht und Fastnacht allabendlich auf allen englischen Bühnen gegeben werden. Eine solche Pantomime, in der übrigens auch gesprochen und gesungen wird, ist ganz das Masken- und Stegreifstück, wie es bei uns vor zehn Jahren en vogue war, Harlekin, Colombine, Pantalon und Clown machen das Personal aus. Der Maschinist spielt die Hauptrolle. Das Haus, welches ich besuchte, war ein Vorstadttheater, erste Rangloge 1 Schilling, in dem man den Londoner Mob im vollsten Glanze sehen konnte. Die Gallerie und das Pit (Parterre) warf sich mit Aepfeln und Orangen, Männer in Hemdsärmeln saßen auf der Brüstung, die Beine vorn herunterhängend — dazu ein Lärm, gegen den ein Leipziger Sonntagshaus todtenstill war. Es war ein Spaß, zu dem ein alter Hut und ein guter Magen gehört, bei dem ich mich aber trefflich unterhalten. „Sir John Barlington" war der Name des Stückes, welches jeder Beschreibung spottet. Sir John, — ein großes Faß mit Kopf, Armen und Beinen, einen Bierhahn als Helm — führte nämlich Krieg gegen den Portwein

und Champagner. Auf der einen Seite standen Porter
und Ale, ungeheure Zinnkrüge, pale Ale mit weißer
Perrücke und rothen Pausbacken, Stout, olivenbraun
im Gesicht, mit dürftigen schwarzen Haaren, und etwa
ein Dutzend Bierflaschen jeden Kalibers, die sich mit
langen Thonpfeifen gegen ein Regiment Champagner=
flaschen, angeführt von einem Champagnerglase und be=
waffnet mit ellenlangen Cigarren, herumschlugen. Mit
einer Batterie Sodawasser ward die Burg des Cham=
pagners bombardirt, — nach jedem Schuß sah man
den Pfropfen von der Größe eines Wagenrades in der
Mauer sitzen. Danach ward man aus der Feenwelt
in die Straßen Londons versetzt. Dort schoß Einer vor
einem Kleidermagazin eine Revolverpistole los, die so
fürchterlich wirkte, daß alle Kleider in die Luft flogen, und
es in Folge davon einige Minuten später, als gerade die
Bühne voll Mädchen war, (mit Erlaubniß) Hosen regnete.
Dann zeigte man eine Riesenschlange, mit der Auf=
schrift: „Emmetri Reptil“, das nicht nur eine wollene
Decke, sondern ein ganzes englisches Bett von sich gab.
Eben so war ausgestellt ein schwarzer Diamant, der
wahre „Mountain of Light“, dargebracht vom eng=
lischen Volke, ein colossaler Steinkohlenblock. Der Clown
tanzte als Blume ein Ballet mit ein paar Beinkleidern,
die höchst spaßhaft ohne Besitzer herumliefen. Dann
sang er ein Lied und ließ jedes Mal ein Reimwort
weg, was ihm dann von der Gallerie ergänzt ward,
bis er endlich selbst das rechte sagte. — Daß dabei Witze
vorkamen, die gerade nicht hoffähig, kannst Du Dir

5*

denken. Auch eine Londoner Revolution ward vor=
gestellt, als zwei Constabler den Clown arretiren woll=
ten, mit ihrem Bombardement von Eiern, Rüben, Kohl=
köpfen, Zwiebeln, Aepfeln, Körben u. s. w. König
Richard III. erschien mit einem ungeheuren Käse unter
dem Arme (Gloster cheese). Hamlet erklärte: „Beer
or not beer that is the question!“ Als ein Schloß
zu öffnen war, kam Mr. Hobbes mit einem Dietrich
von fünf Ellen Länge u. s. w. Dazwischen Ballettanz
von sehr hübschen Mädchen, Purzelbäume und Luft=
sprünge von Seiten des Harlekin, — Pantalon ward
einige dreißig Male umgeworfen und erhielt doppelt
so viele Fußtritte und Ohrfeigen. Das Alles in der
Unordnung, in der ich Dir davon erzähle, und Du
wirst Dir nun eine Idee machen können, was eine
Pantomime in England heißt! Doch mein Brief ist
nun schon allzulang, ich muß eilen, zum Schluß zu
kommen u. s. w.

Aus verschiedenen Londoner Briefen an Vater, Mut=
ter und Schwestern folgen hier einzelne Stellen, zunächst
einige Notizen über die Ausstellung der Leiche des Her=
zogs von Wellington, an seine Schwester Julie.

Dreizehnter Brief.

Liebstes Kind!

Es sind am Sonnabend bei Gelegenheit der Aus=
stellung des Sarges des Herzogs von Wellington zwei

Frauen erdrückt und mehrere Personen schwer verwundet
worden. Zum Nutzen und Frommen aller ängstlichen
Seelen erkläre ich hiermit feierlichst, daß ich mich weder
unter den Getödteten, noch unter den Verwundeten befinde, ich bin nämlich klug genug, mich in keinen englischen Mob zu begeben, weniger aus Sorge für mein
kostbares Leben, als besonders der Kleider wegen, die
auf das Fürchterlichste zugerichtet werden. Vorgestern
z. B. sind den Leuten sogar die Stiefel buchstäblich von
den Füßen getreten worden, und keine der Personen,
die glücklich genug gewesen, in das Paradezimmer zu
gelangen, hat einen ganzen Rock oder Hut gehabt.
Das kannst Du Dir leicht erklären, wenn ich Dir sage,
daß der Raum, in dem der Herzog liegt, vielleicht so groß
ist wie der Saal der Bürgerschule, und in sechs Stunden etwa 44,000 Menschen denselben passirten; gegen
150,000 mußten nach Hause gehen, ohne etwas gesehen zu haben. Beim Begräbniß, welches am Donners-
tag statt haben wird, fürchtet man noch größeres Unglück. Ich werde den Zug aus dem Fenster eines
Freundes von mir ansehen, der gerade in der besten
Lage, auf charring cross, wohnt. Doch diese Notizen,
so interessant sie auch an und für sich sein mögen, für
Dich, liebe Leserin, sind sie doch nicht der eigentliche Zweck
dieser Zeilen, dieser ist vielmehr, Dich zu bitten mich
baldmöglichst wissen zu lassen was in dem Schreiben
der guten Mutter stand, das ich leider ungelesen verloren. Wenn ich nämlich um 12 Uhr Mittags auf
die Sternwarte komme, pflege ich nur die Briefe astro-

nomischen oder sonst wissenschaftlichen Inhalts zu lesen,
um das Wichtigste daraus Hind mitzutheilen, der sich
eben zu der Zeit mit dem Durchsehen der an ihn ge=
kommenen Sachen beschäftigt. Privatbriefe mache ich
auf, um zu sehen woher sie kommen, und stecke sie
dann in die Tasche, um mein Mittagsmahl durch ihre
Lectüre zu würzen. Das that ich denn auch mit Mama's
letztem Briefe, — leider konnte ich ihn, zu Hause an=
gelangt, nicht finden, und hab: ihn also wahrschein=
lich mit dem Taschentuch herausgerissen. Ich habe,
durch allerhand Geschäfte und auch Unwohlsein abge=
halten, nicht eher diese Nachricht geben können, und
hoffe nur, daß der Brief nichts Wichtigeres enthalten
hat, als den Wunsch, einige Zeilen von mir zu be=
kommen. Vor einigen Tagen erhielt ich eine Ein=
ladung von der hier verheiratheten Tochter des Pro=
fessor Moscheles, die mich in einem sehr artigen Schrei=
ben bat, die alte Bekanntschaft mit ihr wieder zu
erneuern. Leider konnte ich an dem von ihr bestimm=
ten Abend nicht kommen, schrieb also möglichst zierlich
und artig ab, und habe seitdem eine Karte bei ihr ab=
gegeben. Ich weiß nicht, wie sie mich aufgefunden, da
ich sie nie und nirgends bis jetzt getroffen. Ritter
Bunsen bat mich, ihn wissen zu lassen, warum ich gar
nicht mehr zu ihm käme. Ich will in diesen Tagen
auch hingehen; er ist gar zu lieb gegen mich. Freund
Seemann grüßt bestens; ich war am Sonnabend noch
bei ihm in Kew. Er erwartet eine seiner Schwestern
aus Hannover zum Besuch. Dabei ist mir einge=

fallen, daß Du doch eigentlich auch recht gut einmal
herüber kommen könntest, ich würde Dich bei einer oder
der andern mir befreundeten Familie bequem auf acht
bis vierzehn Tage unterbringen können, freundliche An=
erbieten habe ich in Bezug darauf bereits. Du würdest
Dich wundern, wie verschieden das englische Leben in
Wirklichkeit von dem ist, wie Du es aus Romanen
kennen gelernt, ich freue mich, wenn ich Dir einmal
Beispiele davon vor Augen führen könnte, um Dich ein
Wenig von Deiner Schwärmerei zu heilen. Damen
von guter Familie leben hier in London weit zurück=
gezogener, entfernter von der sogenannten „Welt", wie
Leute in dem kleinsten deutschen Dorfe. Die Theater
sind im Durchschnitt so herzlich schlecht, wie die meisten
Concerte — und das Publikum?! Komm und siehe!
— Jullien macht jetzt jeden Abend wieder Musik in
Drury Lane für 1 Schilling Entrée. Er hat die Anna
Zerr, eine vorzügliche deutsche Sängerin, engagirt, und
das arme Wurm (wie die Berliner sagen) muß denn
nun jeden Abend die Arie der Königin der Nacht und
einige Tyroler Lieder mit Jodelschluß singen, und zwar
für einen ganzen Monat. Ist das nicht genug für
einen Grobschmidt? Ich sprach oben von Romanen,
da fällt mir Thackeray ein, dessen Pendennis und
Vanity fair ich Dir zur Lectüre bestens empfehle. Mir
sind sie lieber wie Alles was Boz geschrieben, selbst
Copperfield nicht ausgenommen; es sind die besten eng=
lischen neuern Novellen, die ich gelesen. Suche Dir
namentlich die Ausgabe mit Bildern zu verschaffen, es

sind diese nämlich vom Autor selber, und höchst geistreich und witzig. Solltest Du eine gute Uebersetzung
bekommen, so lies sie der Mutter vor; Pendennis wird
diese besonders interessiren. Den lieben Vater wird
es interessiren zu hören, daß ich bei der Bestimmung
einiger Punkte an der nordasiatischen Küste, (deren Lage
ich berechnet), gefunden habe, daß die östliche Spitze von
Nova Sembla, die nach Beobachtungen des alten
Holländers Barenz in die Karte eingezeichnet ist, vollkommen fehlerhaft. Die Beobachtungen sind nämlich
falsch reducirt, und habe ich durch eine sorgfältige
Berechnung gefunden, daß besagter äußerster Punkt
unter 75° 45′ nördlicher Breite und 89° 48′ östlich
von Ferro liegt, welches Resultat wahrscheinlich bis
auf wenige Minuten richtig. U. s. w.

Vierzehnter Brief.

26. Januar 1852.

Liebste Mutter!

Eigentlich wäre jetzt die Reihe an dem Vater, einen
Brief von mir zu erhalten, da ich aber gar keine besonders wichtige Mittheilungen für ihn habe, so will
ich ihn, in Betracht seiner so sehr in Anspruch genom-
menen Zeit, der Mühe überheben, einen meiner Briefe
zu entziffern; wenn Du ihm mittheilst, daß es mir gut
geht und ich kein Geld brauche, wird er vollkommen
zufrieden sein. Und Beides kannst Du mit gutem Ge-

wissen sagen. Die Bücher, um welche ich in meinem
letzten Briefe bat, sind leider noch nicht in meinen Hän=
den, und ich sehe, da ich sie so nöthig brauche, trau=
ernd von Neuem ein, daß man mit — Wahrheit und
einem Buchhändlerballen am schlechtesten und langsam=
sten fortkommt in der Welt. — Bitte doch — das fällt
mir eben ein — den lieben Vater, gelegentlich dem
Herrn Dr. Flügel für seine freundliche Vermittlung und
gütige Empfehlung zu danken. Ihr wißt wahrschein=
lich schon, meine Lieben, durch Freund d'Arrest, daß
mein Gehalt jetzt 120 Pfd. beträgt, etwa 70 Thaler
monatlich, womit ich recht gut leben kann, besonders
da ich jetzt meine Wohnung gewechselt und wöchentlich
1 Thlr. 20 Sgr. daran erspare. Ich lebe — à la Fal=
staff — in einer — erschrick nicht — Kneipe, d. h. in
einer ganz anständigen, wo ich bisher zu Mittag speiste.
Dieselbe liegt ganz in der Nähe der Sternwarte, Regents
parc, upper Albany Street 39, und habe ich daselbst
ein sehr schönes zweifensteriges Zimmer erster Etage,
elegant möblirt, mit Schlafsopha, für welches ich, incl.
Aufwartung und Stiefelputzen, 7 Schilling (2 Thlr.
10 Sgr.) wöchentlich gebe. Der Vater wird Dir sagen,
daß das für London sehr wenig ist. Mein Mittags=
tisch kostet nach wie vor 7$\frac{1}{2}$ Ngr. täglich. — Trotz
dieser glänzenden Finanzlage habe ich noch immer nicht
die versprochenen Nähnadeln geschickt, da man für sie
einen höheren Zoll geben muß als ihr Werth beträgt,
und ich die Steuer nicht frankiren kann. Indessen hoffe
ich, daß einer meiner Freunde, der nächstens nach Ham=

burg geht, Einiges für Dich wird paschen können. Leider bin ich genöthigt gewesen, wie Du wohl aus dem Datum ahnen wirst, diesen Brief einige Tage liegen zu lassen. Mittlerweile ist das Packet mit Büchern, nebst einigen lieben Zeilen vom Vater, für die ich meinen besten Dank sage, richtig eingetroffen, und habe ich, wie das erste Mal, 5 Schilling (1 Thlr. 20 Sgr.) dafür bezahlt!!

Von unserm lieben Edinburger Freunde Robert Patterson fand ich heute zu meiner Verwunderung folgende Karte vor: „London. Liebes Edward! Willst Du von die Güte sein und bei mich Thee zu nehmen? Ich werden bis sieben Uhr Dich aufwarten." Schreiber dieses hat bei u n s in Leipzig sein Deutsch gelernt! Ich schrieb sogleich unter der von ihm angegebenen Adresse, daß ich Sonntag Morgen bei ihm sein werde. So geschah es denn auch, und da haben wir sehr behaglich beisammen gesessen und von Leipzig und unsern Lieben geplaudert. Da wir nur etwa fünf Minuten entfernt von einander wohnen, und Robert noch hier bleibt, so werden wir uns hoffentlich oft sehen. Wir waren gestern Abend bei unserm lieben Scher, der sich dieser neuen Bekanntschaft sehr freute. Scher geht es sehr wohl, er hat sehr viel zu thun, und ich interessire mich ungemein für seine nobeln, farbenfrischen Portraits. Trotz der großen Entfernung, die uns jetzt trennt, sehe ich ihn dennoch wöchentlich ein oder zwei Mal, da er häufig Abends in die Stadt fährt. Wir haben uns warm aneinandergeschlossen. — Mittwoch Abend war

ich auf eine eigenhändige freundliche Einladung hin
beim Ritter Bunsen*) und habe mich im e n g st e n
Familiencircle s e h r wohl gefühlt. Ich muß es immer
wieder von Neuem erwähnen, in wie manchen äußern
Dingen er mich an Humboldt erinnert, nur hat er bei
Weitem mehr Angenehmes, Erwärmendes. Auch spricht
er nicht so viel und über so Vielerlei wie Humboldt,
sodann hat er nicht jene höfliche, fast zu höfliche Freund=
lichkeit des „Kammerherrn", sondern eine Herzlichkeit,
die für mich ganz unwiderstehlich ist. Dr. Sween, der
den Vater grüßen läßt, hat mich aufgefordert, jeden
Sonntag bei ihm zu speisen — eine Güte, die ich hin
und wieder in Anspruch nehmen werde, da ich mich in
seinem Hause, bei ihm, seiner anmuthigen Frau und
den allerliebsten Kindern, ganz behaglich fühle. Vor=
gestern habe ich eine kleine Reise an die See gemacht,
ich war mit Scher in Southampton, wohin wir einen
jungen Hamburger, einen Herrn Schlater, der uns hier
ein sehr lieber Freund geworden, begleiteten, da der=
selbe nach Paris gehen wollte. Wir verließen Lon=
don früh um 10 Uhr und waren Abends 9½ Uhr
wieder at home. Trotz des nicht ganz günstigen Wet=
ters entzückte, ja berauschte uns fast der Anblick der

---

*) Eduard verdankte die Empfehlung an Bunsen seinem treuen
väterlichen Freunde, dem Herrn Ludwig Pilgrim auf Mohrenhaus
bei Dresden, einem Vetter Bunsen's. Er vergaß in keinem Briefe
die wärmsten Grüße an jenen liebenswürdigen Mann, in dessen Hause
er die frohsten Stunden verlebte und dessen verstorbene geistvolle
Frau, Elise geb. Hundeicker, er so hoch verehrte.

See, der doch für Keinen von uns etwas Neues war, über alle Maaßen. Es war uns Allen, als ob sie uns zum ersten Mal vor Augen träte. Von hohem Inter= esse war für uns auch ein Dampfschiff, welches in acht Tagen nach Westindien abgehen sollte, und das man als das größte und schönste Postboot der englischen Marine bezeichnet. Es war der „Orenoko", ganz neu und von derselben Construction wie die unglückliche Amazone.

Die Geldschneiderei in Southampton übertrifft Alles, was man in deutschen Badeorten etwa erlebt, um Vieles. Was würde man z. B. in Leipzig von Jüng= lingen sagen, die 2 1/2 Thlr. für das Couvert bei einem Frühstück bezahlten, NB. excl. Wein? Wir verzehrten Jeder eine Hammelcotelette (das unvermeid= liche mutton shop), und zum Desert ein Stück an= gebrannten Eierkuchen. Dafür nahm man uns Dreien mit lächelnder Miene 22 Schilling (7 Thlr. 20 Sgr.) ab. Jede Tasse Kaffee kostete 10 Sgr. (1 Schilling), der Wein in demselben Verhältniß, und der war nicht einmal zu genießen. Der Champagner z. B., aus Weißwein, Syrop und Gewürz zusammengesetzt, zog Faden, und brachte dem unglücklichen Schex, der zwei Gläser davon vorwitzig trank, tagelang die heftigste Seekrankheit. Diese menschenfreundlichen Einrichtungen sind getroffen, weil, außer den mit den großen Post= booten nach Spanien oder Westindien abgehenden Frem= den, selten ein Reisender nach Southampton kommt, und die Wirthe von diesen voraussetzen, daß sie nicht leicht

ein zweites Mal in ihre Klauen fallen werden. — —
Doch nun Abieu, Ihr Lieben.

NB. Bitte Papa, dem Freund d'Arrest zu sagen,
daß ich den Encke'schen Cometen wahrscheinlich zuerst
aufgefunden, am neunten Januar, und die Beob=
achtungen sogleich an Encke geschickt, mit der Bitte, sie
Petersen mitzutheilen. An weiteren Beobachtungen hin=
derte mich das fürchterliche Wetter, leider.

Fünfzehnter Brief.

Liebe Julie!

Wenn ich auch gewöhnlich drei= oder viererlei Briefe
auf einem Bogen empfange, so möchte es doch nicht
gut angehen, die Antworten auf eben dieselbe Weise
zusammenzustellen, es scheint mir vielmehr besser, ein
Familienglied zum Herold und Berichterstatter von alle
dem zu machen, was ich den Uebrigen zu vermelden,
da ohnedem meine Correspondence keinerlei Geheimnisse
behandelt. Ich hoffe, Du wirst Dich der Ehre, die
Dir heute zu Theil wird, das Organ meiner Gedanken
zu werden, würdig beweisen, und pünktlich und ge=
wissenhaft ausrichten, was ich Dir in Folgendem etwa
bestellen werde. Zuvörderst sage ich Allen, die es an=
geht, meinen besten Dank für die Briefe vom Februar
und die Glückwünsche zu meinem Geburtstag; indessen
hättest Du, liebes Kind, nicht nöthig gehabt, mit den=
selben fast zwei und eine halbe Seite zu füllen Ich

hätte sie gern, wie man zu sagen pflegt, für „genossen"
angenommen, wenn Du statt ihrer lieber etwas aus=
führlicher geschrieben hättest, wie es in Leipzig und im
Elternhause hergeht. Eben so gern hätte ich nähere
Nachricht über die Katastrophe, die meinem ältesten
Herrn Bruder bevorsteht. Allem Anschein nach geht der
Unglückliche mit dem Gedanken um, sich — zu ver=
mählen, denn der Vater schreibt: „Von Otto wird Dir
die Mutter schreiben, der er sein Herz ausgeschüttet,"
— die Mutter schreibt von dieser Herzensergießung —
gar nichts, Lili Polko schreibt: „Denke Dir, Otto geht
höchst komischer Weise auf Freiersfüßen!" Du end=
lich mit lakonischer Kürze als Randbemerkung: „Otto
liebt!" Ob nun aber das Licht, an welchem dies holde
Insekt sich seine Schwingen versengte, eine Line, Pine,
Fine, Trine, Mine, darüber giebt mir Niemand Aus=
kunft. Und so seid Ihr, und besonders Du, die in
ihren Briefen für höchst überflüssige Zärtlichkeiten über=
flüssig viel Platz hat, daran Schuld, wenn ich meine
Pflicht, meinem Bruder zu condoliren, versäume und
in Folge dessen für kalt und steinern verschrien werde.
Nach diesem wohlverdienten moralischen Rippenstoß gehe
ich zu den „Geschäften" über. Was mein persön=
liches Wohlbefinden betrifft, um das Ihr Euch sorgt,
so kann ich das gerade augenblicklich nicht besonders
rühmen. Ich leide sehr an Kopfschmerz und Schwindel,
obgleich ich im Wein= und Biertrinken höchst mäßig
bin, und auch den geliebten Kaffee mir fast ganz ab=
gewöhnt habe. Indessen hoffe ich wohler zu werden,

wenn das Wetter erst etwas beständiger geworden, jetzt sind noch Nebel, Regen und gewaltige Temperatursprünge an der Tagesordnung.

Mein Verhältniß zu Hind und Bishop ist fortwäh= rend das freundlichste, das sich denken läßt. Mit Letzterem lese ich jeden Morgen deutsche Journale (d. h. übersetze sie), was eine sehr gute Lection im Englischen ist. Hind werdet Ihr hoffentlich bald persönlich kennen lernen, da er nächsten Sommer nach Deutschland zu gehen gedenkt in seiner Ferienzeit, und Leipzig und Dresden berühren will. Er ist der heiterste, angenehmste Gesellschafter, Ihr werdet Euch sehr an ihm freuen. Der liebe Vater zweifelt in seinem vorletzten Schreiben, daß ich, sein Sohn, den Encke'schen Cometen wirklich zuerst entdeckt, d. h. gefunden; Du kannst ihm nur sagen, daß jetzt, nachdem alle Beobachtungen einge= troffen, sich herausgestellt, daß die meine drei Tage vor allen englischen und amerikanischen, acht Tage vor der ersten deutschen gemacht worden. Ich habe auch mit in Bezug darauf am Mittwoch einen vier Seiten langen, unendlich liebenswürdigen Brief vom guten Encke be= kommen, in welchem er mir nicht nur über die Güte und Wichtigkeit jener Beobachtung große Complimente macht, sondern auch überhaupt ganz ungewöhnlich herzlich und freundlich schreibt, so daß mich dieser Beweis von Wohlwollen von Seiten meines früheren, so sehr ver= ehrten Lehrers und Gönners nicht wenig erfreut und stolz gemacht hat. An Dr. Dallan=Bache in New=York habe ich geschrieben, daß ich augenblicklich leider keinen

Gebrauch von seinem freundlichen Anerbieten machen
könnte, indessen bäte ich ihn um nähere Auskunft über
die Stellung, Art der Beschäftigung u. s. w., die ich in
Amerika finden könnte, da es nicht unwahrscheinlich sei,
daß ich Ende dieses oder Anfang nächsten Jahres von
seiner Güte Gebrauch machen würde. Eben so bitte ich
auch den lieben Vater, mich dem ferneren Wohlwollen
des Dr. Bache zu empfehlen; denn einmal könnten mir
in meiner jetzigen Stellung fernere Anerbietungen von
Amerika, auch wenn ich sie nicht acceptiren könnte, gar
nichts schaden, sodann scheint mir aber auch eine Ge=
legenheit, sich in Amerika um= und eine Unternehmung
wie die Coat morning anzusehen, nicht so ganz zu ver=
achten zu sein. — — Nun zu anderen Dingen. Augen=
blicklich macht hier eine neue Oper von Balfe: die „Sici-
lian bride" großes Aufsehen. Ich sah sie Sonnabend
und fand die Musik so langweilig und das Textbuch so
über alle Begriffe dumm, daß nur die wahrhaft zau=
berische Ausstattung das Stück einigermaßen verdaulich
machte. Ich möchte es indessen mit keiner erdenklichen
Brühe zum zweiten Mal genießen. Die Spielerei in der
Scenerie ging wirklich ins Unglaubliche. Der Hinter=
grund ward durch bewegliche Püppchen belebt, Schiffe
schwammen auf der See auf und ab, und der Aetna,
der am Tage wirklich rauchte, gab während einer Nacht=
scene ein Feuerwerk zum Besten. Sonnen= und Mond=
Aufgänge fehlten ebenfalls nicht, und nur Sternschnuppen
vermißte ich natürlich noch, sonst wären alle meteoro=
logischen und astronomischen Erscheinungen vollständig

vertreten gewesen. Doch darfst Du nicht denken, daß
man diese unglücklichen Meteore nicht auch schon in
Scene gesetzt hätte, in einem Ballet „Starbeam" (Stern=
strahl), das ich einige Male in Drury Lane gesehen,
spielen sie die Hauptrolle. Spaßhafter Weise war ein=
mal die größte Sternschnuppe, auf der Terpsichore zur
Erde schweben sollte, ausgegangen, und so fuhr denn
statt eines Sternes ein großer schwarzer Wattenklumpen
an einem langen dito Draht herab. Von Shakespeare=
schen Stücken habe ich hier schon mehrere gesehen: „Die
lustigen Weiber", „König Johann", „Heinrich IV.",
„Macbeth", „Romeo", meistens im Princess Theater,
wo sie mit einer Sorgfalt und Feinheit gegeben werden,
die wir in Deutschland selbst auf unsern ersten Bühnen
nicht kennen. Die königliche Pracht der Ausstattung,
die historische Treue der Masken und Costüme, das leb=
hafte und sichere Spiel der Schauspieler (die ihre Rollen
genau memorirt haben müssen, dà das englische Theater
keinen Souffleur hat; es steht nur hinter den Coulissen
Jemand mit einem Buche, um die Zeichen zum Auftreten
u. s. w. zu geben und in den schlimmsten Fällen auszu=
helfen) gewähren einen wahrhaften Genuß. Weniger
befriedigend ist für mich die Declamation. Wenn man
in England auch sicher besser spielt, so declamirt man
doch in Deutschland weit vorzüglicher. Der Engländer
liebt etwas stark aufgetragene Farben, und so kann ich
die Art, wie die bedeutenden und tragischen Stellen selbst
von den ersten Künstlern abgeschrien werden, nur un=
schön finden. Bezeichnend für den herrschenden Geschmack

ist es z. B., daß die Garrick'sche Bearbeitung von „Romeo und Julia", — die ganz wie die Oper schließt, näm= lich daß Julie aufwacht ehe Romeo gestorben, und einen Augenblick lang ihren Plan gelungen glaubt, um nach= her, als Romeo in ihren Armen stirbt, in desto größere Verzweiflung zu verfallen, — der größten Popularität sich erfreut. Zu meiner Freude hatte Helen Famot, die größte jetzt lebende englische Schauspielerin, Geschmack genug, sich streng an das Original zu halten, als ich sie die Julia im Drury Lane spielen sah. Sie war in der Balconscene unvergleichlich, eben so in der fünften Scene des zweiten Actes, wo sie die von Romeo zu= rückkehrende Amme durch Ungeduld böse gemacht hat, und sie nun durch allerlei Schmeichelkünste zu versöhnen und zum Sprechen zu bringen versucht. Dagegen ent= schädigte sie sich reichlich für den Knalleffect, der ihr mit Garrick entging, in dem Monolog, bevor sie den Schlaftrunk zu sich nimmt. Sie spielte und sprach ihn wie etwa Macbeth thun muß, wenn er den Geist Banko's auf dem Stuhle sitzen sieht. Von der Miß Glyn und ihrer Darstellung der Lady Macbeth sprach ich Dir wohl schon in meinem letzten Briefe, — sonst sah ich nur noch eine Schauspielerin, die Dir dem Namen nach bekannt sein wird, eine Mrs. Kean als Lady Constanze in „König Johann". Bei ihr war das fürchterliche Schreien um so unangenehmer, da ihr ein großes Organ fehlt und sie daher auch für gewöhnlich in den höchsten Tönen spricht. Außerdem machte sie von den stärksten Mitteln ungewöhnlich oft Gebrauch, ihr Lachen der Ver=

zweiflung u. f. w. peinigte wirklich den Hörer, da man
in ihrer Constanze nur das unterdrückte Weib sehen
konnte, das wegen der dann ganz unmotivirten Schick=
salsschläge, durch welche es verfolgt wird, tiefes Mit=
leid erregen muß. In Wahrheit liebt aber diese Con=
stanze ihren Ehrgeiz weit mehr als ihr Kind, welches
sie nur vorschiebt, um selbst das Regiment in die Hände
zu bekommen und ihre eigene Herrschsucht zu befrie=
digen. Dann erscheint die Strafe des Himmels, die
ihr den Arthur nimmt, ganz gerecht. Arthur ward im
Prinzeß=Theater von einem etwa elfjährigen Mädchen
hinreißend schön dargestellt. Ich habe nie geahnt, daß
ein Kind so spielen könnte. Die gute Mutter hätte sich
aufgelöst in Thränen, wenn sie diese Darstellung ge=
sehen; ich selber kam mehr todt als lebendig nach Hause.
Nie hätte ich einen nur ähnlichen Effect von einer Auf=
führung des „König Johann" vermuthet. Ich erkannte
gar wohl die einzelnen großen Situationen des Stückes
an, das Ganze erschien mir aber in meinem Laienver=
stande zu zerrissen; ich bewunderte in ihm eine Reihe der
herrlichsten Scenen, hielt aber den „King John" ehr=
lich gestanden für keine der bedeutenderen Tragödien
unseres Shakespeare. In der eben beschriebenen Vor=
stellung aber, welche jedes Wort des Originals gab,
sah ich wieder recht deutlich, wie Shakespeare allein mehr
Bühnenkenntniß hatte als alle seine Bearbeiter und ver=
meintlichen Verbesserer zusammen. Charles Kean, der
für den größten jetzt agirenden englischen Schauspieler
gehalten wird, ist ein routinirter, tüchtiger Künstler.

In rauhen, harten Charakteren, als Henry Percy, King John, war er vorzüglich; weniger gefiel mir sein Hamlet, ich hatte da immer noch die Devrients=Vorstellung im Kopfe, an deffen Genialität Kean mir nicht heranzu= reichen scheint. An derfen, ebenfalls eine dramatische Berühmtheit, mag ich dagegen gar nicht. Er spielt wie ein Orlando furioso. So stürzte er z. B. als Romeo die Treppe von Juliens Gruft rücklings her= unter, daß jeder Zuschauer unwillführlich nach dem Kopfe griff. Als Macbeth, den Shakespeare hinter der Scene fallen läßt, brachte er sicher eine Viertel= stunde auf der Bühne damit zu, unter den gräßlichsten Convulsionen seinen Geist aufzugeben. Zudem hat er eine unleidliche Manier zu singen, und prätenbirt, trotz seiner 46 Jahre, die jugendlichen Liebhaber, wie Romeo, darstellen zu können. Im Allgemeinen ist die Stellung der Schauspieler keine glänzende in England. Die Thea= ter im Lande selber sind kaum vom dritten oder vierten Rang und mit einem deutschen Stadttheater nicht zu vergleichen, sondern höchstens mit unsern Wandertruppen. Das Honorar des ersten Liebhabers zu Southampton, deffen Theater sich noch einer gewissen Berühmtheit er= freut, beträgt 18—20 Schilling wöchentlich. In London ist der Schauspieler von der guten Gesellschaft streng ausgeschlossen, weshalb er sich auch in Conversations= stücken gewöhnlich auf eine Weise benimmt, die jeden anständigen Menschen veranlassen könnte, ihm die Thür zu zeigen. — Außerdem sind die Theater fast alle in den Händen von Schauspielern, die natürlich für sich selber stets die besten Rollen nehmen und kein Talent neben sich aufkommen lassen. Ich kenne z. B. einen Fall, wo einer der bekanntesten englischen Schauspieler einem Mitgliede seiner Bühne Zulage bot, wenn es geringere Rollen als die, für die es engagirt, spielen wollte, — blos damit der wirklich talentvolle junge Mann nicht mit ihm selber rivalisiren könnte. Ferner gehören Engagements für fünf Jahre schon zu den Seltenheiten, die meisten werden auf ein bis zwei Jahr abgeschlossen. Der Geschmack des Publikums ist unendlich viel schlechter als der bei uns, davon zeugen die Tragödien, die man auf all den untergeordneten Bühnen unter dem größten Beifall aufführt. Sie erinnern mich lebhaft an die Geschichte der Prinzessin Pumphia und Aehnliches, und sind ganz in jenem Styl der „Haupt= und Staatsactionen" geschrieben, wie sie schon vor mehr als hundert Jahren von unserer deutschen Bühne verschwanden. In den Possen und Lustspielen sind Fußtritte, Schläge, Begießen mit Wasser u. s. w. die Hauptsache, an Gedankenreichthum übertreffen dieselben noch jenes berühmte Berliner „Wie man Stücke schreibt", von dem ich Euch einst erzählte. — Unter den verschiedenen Theatern, die ich gesehen, war auch eines, dessen Entrée für den ersten und zugleich einzigen Platz 1 Penny (8 Pf.) betrug. Daß dasselbe in keiner der nobelsten Straßen belegen, brauche ich wohl kaum zu erwähnen; das Publikum bestand aus Kohlenträgern, Orangentrödlerinnen, Schwefelholz= verkäufern u. A. m. Das Lokal war ein langes schmales

Zimmer, die Bühne durch einen Vorhang abgetheilt. Man genoß daselbst für sein Eintrittsgeld ein Lustspiel, in dem Herr und Diener gleich zerlumpt erschienen, eine Pantomime: zwei Indianer, die sich gegenseitig todt=schlugen, ein Puppenspiel und zwei lustige songs. Jeder Schauspieler, der augenblicklich nicht thätig, verfügte sich in den Zuschauerraum, und bestieg von da aus wieder das Theater. Daß die Witze des Publikums eine große Rolle spielten, läßt sich denken. Es ist übrigens nach meiner eigenen Erfahrung durchaus nicht so unsicher, dergleichen Orte zu besuchen, als gewisse furchtsame Leute meinen. Von den fünf Orangen, die ich in den hintersten Rocktaschen untergebracht, wurden mir nur zwei entwendet, gewiß ein glänzender Zug von Mäßigung und Enthaltsamkeit in der untersten Classe der Londoner „Gesellschaft". — — Doch nun zu an=dern Dingen. Freitag ist in der astronomischen Gesell=schaft über mich ballotirt worden, und man hat mich einstimmig zum Fellow of the Royal Astronomical Society (F. R. A. S.) gewählt. Die ganzen Kosten meiner Aufnahme und meinen jährlichen Beitrag hat Mr. Bishop, ohne mir ein Wort davon zu sagen, für mich bezahlt. Die ganze Sache beläuft sich auf 30 Thaler etwa; die Summe verdoppelt sich in meinen Augen als Beweis des Wohlwollens meines lieben Chefs. Von Dr. Alexander Dallan=Bache erhielt ich gestern einen sehr freundlichen langen Brief mit der gewünschten Aus=kunft über eine Stelle in Washington, und der Auffor=derung, nur etwa im September an ihn zu schreiben, wenn ich Ende des Jahres hinkommen wollte. Mit dem guten Patterson komme ich sehr häufig zusammen. Er wohnt bei einer liebenswürdigen englischen Familie, die im Besitz einer anerkennenswerth hübschen Tochter ist, bei der (nämlich der erwähnten Familie) ich manchen angenehmen Abend zubringe. Mein Verhältniß zu Freund Scheg ist trotz der großen Entfernung, die uns trennt (er wohnt nach Leipziger Berechnung in Liebertwolkwitz und ich in Lindenau), das herzlichste. Er hat mich noch kürzlich in einen der ersten deutschen Kreise Londons eingeführt, wo ich jetzt auch, ohne Einladung, allabendlich Zutritt habe und mich sehr heimisch fühle. An freien Concert- und Theater-Entrée's ist auch kein Mangel, so daß ich mich, wenn ich wollte, jeden Abend in anderer Weise behaglich unterbringen könnte. Noch vorgestern war ich in einem Concert des Sterndale Bennett, mit einem Entrée von einem Ducaten, von dem ich Dir nächstens erzählen will. Für diesmal ein Lebewohl!

NB. Viele Empfehlungen vom Nilpferd im zoologischen Garten an meinen jüngsten Bruder Hermann. Der früher erwähnte Orang Utan ist leider in Abrahams Schooß. Dafür läßt ihm der Schimpanze mit der blauen Nase Brüderschaft antragen.

Sechszehnter Brief.

Liebste Mutter!

Inliegende Kleinigkeit bitte ich meinem Bruder Wil=
helm mit meinen besten Grüßen zu übersenden. Er wird
sicher böse sein, daß ich vorigen Monat so schlecht Wort
gehalten; es lag aber die Schuld nicht allein an mir,
Mr. Bishop ist jetzt auf dem Lande, und kommt selten
nach London. Folge davon ist, daß meine Gelder ein
Wenig unregelmäßig einlaufen; so erhielt ich z. B. meinen
Gehalt für Juli erst am 27sten August, und wäre ich
nicht ein leidlich guter Wirth, so — — —

Dein letzter lieber Brief hat mir viele Freude ge=
macht, besonders weil ich daraus ersehe, daß Dir der
Badeaufenthalt in Tharandt wohl bekommen. Ich kann
Deine Liebe und Anhänglichkeit an dieses Plätzchen wohl
verstehen, da ich selber es für einen der reizendsten Punkte
unseres Sachsenlandes halte. Zum letzten Mal war ich
Anfang October 1851 da; ich kam um 3 Uhr Mor=
gens mit der Freiberger Post an, lief im hellsten Mond=
schein auf alle mir bekannten und lieben Plätze, und
schließlich durch den Plauenschen Grund nach Dresden.
Es war ein Sonntagmorgen, und als der Tag an=
brach, läuteten nah und fern die Glocken, und ich ging,
Uhland's Sonntagslied vor mich hin summend, einsam
und allein durch den Nebel, der das Thal füllte, an
der prächtig rauschenden Weiseritz entlang, so fromm
und andächtig, wie ich selten in einer Kirche gewesen,

und so poetisch gestimmt, daß ich hätte Verse machen können, wenn ich nur die Reime gefunden. Das ist nun bald zwei Jahre her und liegt so Manches da= zwischen. Meine Reiselust, die Dich zuweilen quälte, habe ich übrigens nicht verloren; es vergeht fast kein Sonntag, an dem ich nicht einen größeren Ausflug vor= nähme, und Touren, zu denen man in Deutschland eine Woche bestimmen würde, Dank der schnellen Eisenbahn, die netzartig das Land überspinnt, in 24 Stunden mache. Kent, der Garten Englands, welches jetzt zur Zeit der Hopfenernte in seiner schönsten Schönheit prangt, habe ich in den letzten Wochen nach allen Richtungen durch= streift. Morgen werde ich die äußersten Punkte dieses köstlichen Landes besuchen, Canterbury, Ramsgate, Mar= gate und Dover, natürlich Alles in einem Tage, und mich wieder einmal an dem Anblick der See erquicken. Ende dieses Monats hoffe ich auf vierzehn Tage nach Edinburg gehen zu können, zu Robert Patterson, der augenblicklich wieder dort ist. In der nächsten Zeit werdet Ihr wahrscheinlich zwei meiner lieben Freunde bei Euch sehen, den Maler Schey und Berthold Seemann, den Nordpolreisenden. Warme Aufnahme dieser treuen Gefährten Eures Eduard brauche ich Euch nicht zu em= pfehlen. Da nun diese Beiden Euch mehr und aus= führlicher von mir erzählen können, als solch ein Brief= zettel es vermag, so möchte ich mich jetzt Ew. Wohlgeb. bestens empfehlen — u. s. w.

Siebzehnter Brief.

(An seine Schwester Elise Polko.)

London. July 52.

Liebster Engel!

Gott sei Dank, daß ich Dich jetzt in Minden zu suchen habe! Ich halte diese Luftveränderung „allein schon vortheilhaft für Deine und des „Baby" Gesundheit. Sicher weht es frischer von den Hügeln des Weserufers, als aus dem sumpfigen Winkel zwischen Ruhr und Rhein, allwo Duisburg belegen. Noch mehr aber würde ich mich freuen, wenn der liebe Herr Schwager, den ich tausend Mal zu grüßen bitte, Dich, wie er es vorzuhaben scheint, in ein Seebad schickte, aber ja nicht nach Norderney oder Wangeroog. Es sind dies zwei der melancholischsten Fleckchen auf Gottes Erdboden, nichts als Sand und Wasser. Zudem stehen beide Inseln mit dem Festlande in sehr dürftiger Verbindung, und nur einmal wöchentlich, wenn das Wetter nicht gar zu stürmisch, bringt ein Dampfboot Nachrichten von civilisirten Völkern. Und nun glaube ich kaum, daß vier Briefe in einem Monat für Dich genug!! Oftende ist zwar auch schlimm, doch da ist ein lebhafter Hafen und Seeverkehr und eine Eisenbahn, die in 1½ Stunde nach Brüssel fährt. Am liebsten würde ich Dir zu Dieppe (eine reizende Gegend) oder Boulogne rathen, von den englischen Seebädern rede ich nicht, denn ob sie gleich weder theurer noch weiter ent=

fernt sind, als die erwähnten, nur ungleich anmuthiger, so liegt doch Albion für deutsche Begriffe zu nahe am äußersten Rande der Welt. Ich würde Dir versprechen, Dich, wenn Du nach Dieppe oder Boulogne gingst, sicher zweimal, in Ostende aber jedenfalls einmal zu besuchen. Auch Scher würde die Strapazen und Ge= fahren einer (vierstündigen) Seereise weniger scheuen als das Briefschreiben und sicher kommen, um einmal wieder einen Tag mit Dir verleben zu können. Er läßt übrigens bestens grüßen, steht alle Tage mit dem Vor= satze auf, eine lange Epistel an und für Dich abzu= fassen, geht aber leider auch mit demselben wieder zu Bett. Indessen muß ich zu seiner Rechtfertigung hin= zufügen, daß er sehr mit Arbeit überhäuft ist, zumal da ihm Herr van Peen aus Wesel die letzten vier Wochen viel Zeit gekostet. Der Letztere, der, nebenbei gesagt, die ganze Zeit, die er hier zugebracht, gerade 17 Stunden 21 Minuten ohne Regen verlebt, was um so störender, da ihm schon am ersten Tage sein Schirm gestohlen worden war, wird Dich wohl durch seine Frau wissen lassen, daß er das Vergnügen meiner persönlichen Be= kanntschaft genossen hat. Ich habe, von Natur ein Wander= und Zugvogel, den größten Theil meiner Sonn= tage auswärts, meist an der See zugebracht, den letzten in Bristol und Clifton, in einer köstlichen Umgebung. Bristol ist eine alte, interessante Stadt, mit großem Hafen und hohen Bergen; die Straßen gehen so steil bergauf, daß sie fast unfahrbar sind und die Droschken= kutscher ihre Rosse am Zügel hinaufführen müssen. Dem unteren Ende einer der steilsten Höhen gegenüber ist das Flußufer, ein etwa 60 Fuß tiefer Abgrund, ganz ohne Geländer, und ich dachte auf dem besten Wege zum ewigen Leben zu sein, als ich mit einem Omnibus auf dasselbe zurollte. Doch schienen die Pferde eben so wenig zum Sterben vorbereitet und willig als ich, sie machten demnach an der kritischen Stelle so plötzlich Halt, daß sämmtliche Kisten und Schachteln auf dem Wagenhimmel Polka zu tanzen begannen, und eine derselben mit einem kühnen Sprunge zuerst auf den Kopf des Kutschers und dann auf das Hintertheil eines der Pferde flog, welche Turnübung das edle Thier (das Pferd nämlich) zum Heftigsten erzürnte und zu lebhaften Sprüngen veranlaßte, in Folge deren die Kleider und Gesichter einer gerade in die Kirche ziehenden Mädchenschule plötzlich durch ein unerklärliches Etwas (was sich späterhin als Straßenschmutz auswies) schwarz getupfelt wurden. Clifton, eine Reihe von Häusern, die sich längs des Avon hinzieht, liegt in einem entzückend schönen Thale, das viel Aehnlichkeit mit dem Plauenschen Grunde hat, nur sind die Felsen höher und man erblickt von ihren Spitzen gerade aus den mächtigen Severn mit seinen Inseln, begrenzt von den blauen Bergen von Wales, links aber das Meer — ein Anblick, Lili, über Alles schön! Wenn Du ihn einmal genießen könntest, Du hättest Dein Lebenlang genug zum Träumen, Dichten und Schwärmen! Von den übrigen Schönheiten Englands, die ich gesehen, habe ich Einiges in einem Briefe an Mama berichtet, sie wird Dir vielleicht davon erzählt haben, deshalb schweige ich hier darüber. Was wird der Herr Polko zu den hiesigen Eisenbahnen sagen; ich wollte, ich könnte ihn auf einen der hiesigen Bahnhöfe führen, wo etwa jede fünf Minuten ein Zug abgeht oder ankommt, und dann fliegen lassen, wie ich ge= flogen bin: 124 englische (31 deutsche) Meilen, incl. Aufenthalt, in 3 Stunden 50 Minuten (wie von Bristol nach London)! Die deutsche Ordnung würde er aber vergeblich suchen, es kommen in Folge dieses Mangels hier oft wunderliche Dinge vor. So ging letzthin eine Locomotive ohne Führer davon und erreichte durch Nei= gung der Bahn zuletzt die fürchterliche Geschwindigkeit von etwa 20 deutschen Meilen die Stunde, mit der sie einem Zuge in den Rücken fuhr und da dann aller= dings bedeutendes Unheil anrichtete. Ein Heizer hatte, so unglaublich es klingen mag, besagte Maschine ge= putzt und geheizt, das Werk eingeölt, die nöthigen Ventile offen gelassen und war zum Frühstück gegangen. Als nun der Dampf aufstieg, setzte sich dieselbe langsam in Be= wegung und fuhr den Bahnhof entlang; als man das endlich bemerkte, war es zu spät sie einzuholen. Wenige Tage vorher war auf der Great Western ein Zusammen= stoß erfolgt, weil man zwei sinnlos betrunkenen Leuten aufgegeben, eine Maschine zu einer gewissen Station zurückzufahren, dieselben es indeß vorgezogen, bei Nacht= zeit in der Mitte des Weges zu halten, um ruhig aus= schlafen zu können. Die ganze Strafe, die sie dafür traf, war die gewöhnliche für Trunkenheit, 40 Schill. zu zahlen. Die Compagnie entließ sie nicht einmal des

Dienstes, was freilich im Publikum großen Lärm machte. Mit Dingen der Art könnte man Bogen füllen. Letzthin habe ich den größten Tunnel Englands, den sogenannten Box tunnel, passirt; er ist 2½ engl. Meile lang; auf der Rückfahrt blieben wir durch einen kleinen Unfall darin fast stecken, und brachten nicht weniger als 17 Minuten in der fabelhaftesten Finsterniß zu. Besagter Tunnel ist übrigens in der Nähe des reizenden Bath. Der gute Robert Patterson (um von Maschinen auf Menschen zu kommen) ist seit acht Tagen wieder in Edinburg, wohin ich ihm im September für etwa vierzehn Tage nachfolgen werde. Ich vermisse ihn gar sehr, wir waren fast täglich zusammen, und mit ihm ist nun der letzte Mensch gegangen, mit dem ich mich Du nenne. Seine beiden Schwestern waren etwa zwei Monate hier in der Wohnung, die ihr Vater inne hat, wenn er in London ist. Ich habe bei und mit ihnen manchen glücklichen Abend verlebt; es ist nämlich hier in England eine gute und schöne Sitte, daß junge Mädchen von dito Männern Besuche annehmen und Stunden lang zusammen sein dürfen, ohne eine Ehrenwächterin dabei sitzen zu haben. Die älteste Schwester ist auch jetzt hier, sie ist keineswegs hübsch und gewinnt doch im Nu Aller Herzen. Ich habe an ihr recht klar erkannt, wie rasch man auch bei Mädchen über das Aeußere hinweg sieht, wenn sie nur liebenswürdig sind. Betty Patterson, Roberts jüngste Schwester, ist ein halbes Kind (16 Jahre), recht nett, sehr naiv und unbefangen. Wie oft habe ich über die Geschichten, die sie im schrecklichsten halb schot-

tiſchen, halb ſomerſetſchen Engliſch vorbrachte, mich faſt
todt gelacht! Sie iſt jetzt wieder zu Hauſe, da ihr
Vater ſeinen Liebling (der alte ſo proſaiſch ausſehende
Patterſon führt die Briefe und Haare dieſer Tochter
überall in ſeinem Reiſeneceſſaire mit ſich herum) nicht
länger entbehren konnte. Robert läßt übrigens Dich
und Herrn Polko tauſend Mal grüßen, das „Baby"
aber eben ſo oft küſſen. Er hat mir das noch geſtern
geſchrieben. Mit dem jungen Muſiker, den Du mir in
Deiner bekannten Herzensgüte empfohlen, habe ich leider
nichts anfangen können, er iſt zu unliebenswürdig und
arrogant, kein Menſch, mit dem er hier in Berührung
gekommen, mag ihn leiden; man könnte ihn nirgends
einführen, ohne vorher um Entſchuldigung zu bitten.
Hier ſind nämlich die Leute nicht ſo, wie in gewiſſen
deutſchen Kreiſen, in welchen Jeder für ein höheres
Weſen gehalten wurde, der ſtyliſtiſche Aufſätze in ein
Journal geſchrieben, oder die Leute mit Muſik gelang=
weilt hat. Hier verlangt man, daß ein junger Mann
etwas Ordentliches ſei, beſcheiden auftrete und ſich die
möglichſte Mühe gebe, einen guten Geſellſchafter zu
machen, drei Dinge, die Deinem Empfohlenen ganz
abgehen und für ihn eine Unmöglichkeit zu ſein ſcheinen.
Gleich nach Empfang Deiner Karte ſprach ich über ihn
mit B., dem Inhaber einer der bedeutendſten Muſi=
kalienhandlungen, höchſt angeſehen in der ganzen Con=
certe gebenden und Concerte hörenden Welt. Derſelbe
hat einige Compoſitionen von ihm verlegt, mag aber
auch jetzt nichts mehr mit ihm zu thun haben; ſo Joachim,

Hiller, und wen ich sonst noch kenne. Hiller läßt Dich herzlich grüßen, er ist hier sehr angesehen, und es heißt, er werde im nächsten Jahre die italienische Oper diri= giren. Ob er diesen Winter als Director der Gewand= hausconcerte nach Leipzig gehen wird, ist noch unge= wiß. Wenn ich etwas mürrisch über Deinen Schützling abgeurtheilt habe, so bitte ich, das nicht einem Freunde von mir entgelten zu lassen, den ich D i r vorläufig hiermit empfehle. B. Seemann wird in diesem Monat mit Briefen von mir Dir seine Aufwartung machen auf der Durchreise zur Naturforscherversammlung in Wies= baden. Er ist ein bedeutender Naturforscher, der die Welt umsegelt und zwei Nordpolexpeditionen mitgemacht hat, höchst gebildet, auch was Literatur und Musik betrifft, sehr liebenswürdig und für mich ein lieber Freund. Polko würde viel Freude an ihm haben, zumal da S. von Gesinnung ein guter Deutscher ist. Indem ich Dich und den Herrn Schwager herzlich bitte, diesen jungen Mann so warm und freundlich wie möglich aufzu= nehmen, fällt mir ein, daß Schex ernstlich die Absicht hat, September nach Deutschland zu kommen, welchen Plan ich Dir ganz insgeheim verrathe. Den Romanzero und Faust von Heine habe ich jetzt einigermaßen studirt. In ersterem ist viel Witz, aber auch viel Schmutz; ich rathe Dir, ihn n i c h t zu lesen; der größere Theil wäre besser ungedruckt geblieben. Der Faust dagegen ist recht niedlich und geistreich, die angehängten Noten über Hexen u. s. w. sehr hübsch zusammengestellt, wenngleich ich auch nichts Neues darin gefunden. Was es sonst etwa Neues in der literarischen Welt giebt, davon weiß ich leider nichts, bitte, schreibe mir ein Wenig darüber, damit ich mich nach den nöthigen Büchern umsehen kann. Das deutsche Schauspiel hat hier recht wohl gefallen, obgleich die Truppe, mit Ausnahme von Devrient und der Frau Stolte, mehr als mittelmäßig, und von Zusammenspiel bei Leuten, die von allen Ecken und Enden zusammengeblasen, natürlich keine Rede war. Ich bin in der ersten Aufführung des „Egmont" gewesen (das erste deutsche Trauerspiel, welches je in London in der Ursprache gegeben), und dann in „Cabale und Liebe", darauf hatte ich es satt. Nachdem die englischen Theater für mich den Reiz des Neuen verloren haben, fange ich auch an einzusehen, daß nicht viel dahinter ist. Am besten sind noch die Lustspiele, die überaus lebhaft und rasch gespielt werden, freilich aber auch nicht blos an die Grenzen des Anstandes streifen, sondern oft wirklich unanständig sind. — Habt Ihr denn in Minden ein Theater und welcher Art ist es? Oder giebt es sonst Vergnügungen der Art, die Du, Aermste, ja so lange hast entbehren müssen? Ist denn eigentlich die niedliche Clara Krummacher bei Dir? Es wäre mir lieb, Dich nicht so ganz einsam zu wissen. Ist sie also in Minden, so grüße sie bestens von mir und sage ihr, daß ich mich ihrer gern und oft erinnerte. Gott weiß, wie ich von hübschen Mädchen auf die Planeten komme, es fällt mir aber eben ein, daß Hind seinen fünften Planeten entdeckt und von der englischen Regierung jetzt 1400 Thaler jährlich Ehrengehalt be=

kommt!! Ob diese Nachricht Dich interessirt, weiß ich
nicht, mir ging sie begreiflicher Weise im Kopfe herum,
und kam auch so in meine Feder. Da ich jetzt mit den
englischen Nachrichten so ziemlich zu Ende bin, will ich
mich schließlich ganz im Kurzen mit den deutschen An=
gelegenheiten beschäftigen. Die gute Mutter ist, Gott
sei Dank, wieder ziemlich wohl, wie sie mir wenigstens
schreibt. Sehr würde ich mich freuen, wenn sie zu Dir
käme. Wenn Du Nachrichten von Mohrenhaus hast,
theile sie mir doch ja mit. Ich möchte gern wissen,
wie es dort jetzt aussieht. Der Tod der guten Tante
Elise *) hat mich tief ergriffen. Ich hatte keine Ahnung
davon, daß es ein Abschied auf Nimmerwiedersehen sei,
als ich Anfang October ihr kleines Paradies verließ!
Wie sehr ich an ihr gehangen, das weißt Du recht gut
und Du kannst glauben, daß sie in meiner Erinnerung
unauslöschlich stehen und leben wird. Welch eine Fügung
des Himmels, daß der Tod sie, die ihr ganzes Leben
Werken der Liebe geweiht, auch bei einem solchen über=
raschen mußte! Wenn Du etwa an Clara Bischoff **)

---

*) Elise Pilgrim geb. Hundeicker, auf Weinberg Mohrenhaus
bei Dresden, — eine der geistreichsten und liebenswürdigsten Frauen
ihrer Zeit, bewundert und verehrt von den bedeutendsten Persön=
lichkeiten, Freundin Tieck's, Jean Paul's, des Kaisers Alexander,
Tiedge's u. s. w., und geliebt von allen jungen Herzen, die ihr
nahen durften, — starb im Mai des Jahres 1852 in Janzhammer
bei Landsberg a. d. W., wohin sie zur Pflege ihrer Adoptivtochter
gereist war.

**) Ihre Nichte.

schreibst, grüße sie und Anna herzlich von mir. Doch nun Adieu, Herz! Tausend Grüße an den Schwager und Neffen, bleibe hübsch gesund, denke manchmal an mich, und vor allen Dingen schreibe bald an

Deinen

Dich anbetenden Bruder

Eduard.

Achtzehnter Brief.

Liebste Mutter!

Du bist wohl, eben so gut als ich, überzeugt, daß ich ein schlechter Correspondent bin. Der Grund davon liegt aber nicht darin, daß ich nichts zu schreiben hätte, sondern es ist gerade im Gegentheil zu viel Stoff da, so daß ich nie weiß, wo ich anfangen und wo auf= hören soll. In Berlin kamen die erwähnenswerthen Ereignisse hübsch einzeln, alle Wochen höchstens eins, in Leipzig seid Ihr sogar so glücklich, höchstens alle vierzehn Tage etwas Interessantes zu erleben; wenn ich aber hier am Abend jeden Tages das Neue und Be= merkenswertheste aufschreiben sollte, was ich in seinem Verlaufe gesehen, so würde ich vor Morgen nicht fertig. Und so fürchte ich mich stets vor dem Briefschreiben, denn einmal dauert es mich, so viel Hübsches auslassen zu müssen, dann aber muß ich mir wieder sagen, daß der Brief ein Buch werden würde, wollte ich Alles in

7*

ihm anführen. Dem ist lediglich dadurch abzuhelfen, daß ich alle Neuigkeiten u. s. w. bis auf die Zeit auf= hebe, wo ich sie Euch mündlich erzählen kann, und mich mit meinen Briefen nur auf die nothwendigsten Nach= richten über das Wohlbefinden meiner werthen Person beschränke. Ihr werdet mir hoffentlich also künftig ver= zeihen, wenn meine Briefe in jeder andern Hinsicht un= interessant — unter dieser Bedingung und Voraus= setzung werde ich meine liebe, nur gar zu ängstliche Mutter nicht mehr so lange auf Nachricht warten lassen. Gestern habe ich recht viel an Dich gedacht, Mama. Ich war wieder einmal an der See, und wünschte da von Herzen, den Anblick des Meeres, den ich so oft genossen, auch Dir einmal verschaffen zu können. In Harwich verlebte ich den gestrigen Tag, und wenn Du das auf der Karte nach Deiner gewohnten Weise so= gleich suchst, (nördlich von Colchester an der Mündung des Stonns), wirst Du finden, daß es mitten im Wasser liegt. Die Reise geht per Dampf nach Ipswich, von dort mit dem Steamboot den, rings mit den köstlichsten Wald= und Wiesengründen eingesäumten, Fluß hinunter in die See. Dafür zahlt man hin und zurück 3 1/2 Schil= ling, id est: 1 Thlr. 5 Ngr. Das Meer war prächtig gestern, sogar ein Bischen böse — und hat mich recht naß gemacht, als ich für unsern little Hermann (der mir schreiben darf, so oft er will, nur hübsch klein und hübsch geistreich) Muscheln suchte. Eine ähnliche Parthie brachte mich vor etwa vierzehn Tagen nach Portsmouth und der Insel Wight, ebenfalls in einem Tage hin und zurück für 3¹⁄₂ Schilling. In Portsmouth sah ich die erste Kriegsflotte, fünf Linienschiffe (von 120 Kanonen), fünf Segel= und Dampffregatten, ein prächtiger Anblick. Ich ging an Bord von zwei derselben und besuchte dann das Hafenwachtschiff, die „Victory", auf dem Lord Nelson nach der Schlacht von Trafalgar gefallen. Eine Kupfer= platte auf dem Quarterdeck zeigt die Stelle, wo ihn die Kugel traf; in einer schmalen und dunklen Kammer des dritten Decks findet man an einer Schiffsrippe eine In= schrift, daß an sie gelehnt der Held verschieden. — Die Insel Wight ist ein Paradies. Mitten in dem Meer schaukelt sie, ein zweites Meer von Blüthen. Italien kann nicht schöner sein als dies kleine Fleckchen, und ich kann wohl begreifen, daß seine Bewohner es als eine harte Strafe für Verbrechen erachten, wenn man sie nach dem Festlande verbannt. Ich hoffe das Glück zu haben, nächsten Monat einige Wochen auf diesem Madeira von England zuzubringen, da ich von einer mir sehr befreundeten Familie dringend dahin eingeladen wurde. Die Beneidenswerthen besitzen dort eine Som= merwohnung! Könnte ich Dich hierherzaubern, liebe Mama! Es ist schade, daß der Vater seine Naturbilder schon so lange vollendet, ich könnte ihm aus England vielleicht Brauchbares senden, z. B. über die englischen Haiden, über die Kalkberge von Kent, die Küstenflüsse und ihre Eigenthümlichkeit, die Salzmarschen u. s. w. Neu wird es vielleicht dem Papa sein, zu hören, daß ich mich sehr viel mit Geographie beschäftige, gewissen= hafter Besucher der geographischen Gesellschaft bin, und

mit den meisten ihrer bedeutenden Mitglieder auch persönlich bekannt wurde. Noch gestern war ich z. B. beim
Dr. Beke, dem berühmten abyssinischen Reisenden, der
mich kennen zu lernen wünschte, und so eben schickte
mir der Genannte Probebogen von einer Ausgabe von
Barentz' Reise zu, mit der Bitte, die Ortsbestimmungen
u. s. w. zu prüfen. Ich ergreife natürlich mit Freuden
jede derartige Gelegenheit, mich nützlich zu machen, da
mich dergleichen wiederum in vielfacher Weise vorwärts
bringen kann. Und das „vorwärts", das „immer
weiter kommen" ist ja mein brennender Wunsch, nach
dem Wahlspruch des lieben Papa: Leben ist — Streben. Wenn ich nur auch einmal mit all dem Streben
etwas recht Tüchtiges erreichte!

In Kew bin ich häufig, da ich einen lieben Freund
dort habe, der mehrere Nordpolexpeditionen zur Auf-
suchung des unglücklichen Franklin mitgemacht hat und
nun den botanischen Theil seiner Reisen ausarbeitet.
Er ist genau befreundet mit Hooker und dem sonstigen
Personal des botanischen Gartens, in dem ich schon
manche köstliche Stunde zugebracht. Wenn Du nur einmal den Park zwischen Kew und Richmond sehen könntest,
mit seinen prachtvollen Buchen, Cedern, Weißdornbäu-
men u. s. w.! Den Boden bedecken wahre Seen von
blauen Hyacinthen, (Hiacinth. non scriptus L.); es ist
gar zu schön! Ueberhaupt muß man einen Frühling
in England sehen, wenn man fühlen will, was wahrer
Frühling ist! Er hat mich ganz berauscht. Als etwas
Interessantes trage ich noch nach, daß ich in Woolwich

vor etwa drei Wochen ein Kriegsschiff von 90 Kanonen (Schraubendampfer) von Stapel laufen sah — ein ganz unvergleichlich schöner Anblick.

Letzter Mittwoch war ein großer Tag in der Geschichte der Dramaturgie. Es war die erste Vorstellung eines deutschen Schauspiels in England. Die Aufführung des Egmont, der ich natürlich beiwohnte, war recht brav, besonders war, wie sich von selbst versteht, Emil Devrient hinreißend. Gestern sah ich Cabale und Liebe. Luise — Lina Schäfer aus Leipzig — leider sehr mittelmäßig, Devrient dagegen als Ferdinand einzig. Die Aufführung im Ganzen war schlecht, kein Zusammenspiel, und das gerade findet man in England ganz vorzüglich überall, weshalb der Mangel desselben, den wir Deutschen leider nicht mehr empfinden, sehr unangenehm auffällt. Johanna Wagner, die ich schon in Berlin durch Vermittlung ihrer Tante, der Mad. Gley, kennen zu lernen das Glück hatte, und die jetzt mit ihrem Engagement in so fatale Verwickelungen gerieth, besuche ich öfters. Die liebenswürdige Sängerin hat sich in ihr Schicksal ergeben, das mir freilich leider nicht ganz unverschuldet scheint, wenigstens von Seiten ihres Vaters. Der Prozeß wird enorme Summen kosten — man spricht von 500 Pfd. Sterl. An Concerten, d. h. an Freibillets dazu, ist Ueberfluß vorhanden. Joachim, auf den wir Deutschen mit Recht stolz sein können, dieser junge König der Geiger, ist mir ein lieber Bekannter geworden, wir sehen uns sehr oft. — Nun aber genug gesummt, Biene; an die Arbeit, Edward Vogel,

— F. R. A. S. Lebe wohl, liebste Mama. Viele Grüße — u. s. w.

Während seines Londoner Aufenthalts kam er auch einmal herüber, um der heimlichen Sehnsucht seines Herzens Genüge zu thun und Vater, Mutter und Geschwister wieder zu sehen. Das war eine Freude! Wir Alle hatten keine Ahnung von diesem seinem, eben so rasch gefaßten als ausgeführten, Plan. Es hatte sich in Minden eine kleine Gesellschaft von Freunden im Polko'schen Hause versammelt, als er plötzlich eintrat und mir um den Hals fiel. Alle, die bei uns waren, empfingen an jenem Abend von ihm den angenehmsten Eindruck. Seine Augen, seine Art zu erzählen, seine Bescheidenheit, bei aller Sicherheit in den Formen, und der Stempel der Bedeutung, der seinem ganzen Wesen unverkennbar aufgeprägt war, mußten Jedem imponiren. Das waren zwei frohe Tage, die wir mit einander verlebten. Da gab es viel zu plaudern, zu fragen und in Jugenderinnerungen zu schwärmen. Und dazwischen fand er noch Zeit, seinem Schwager Auskunft über das Londoner Leben, über Maschinenwerkstätten und Eisenbahnen zu geben, mit seinem kleinen Neffen zu spielen und mit ihm auf der Erde herumzukriechen, so wie meine Bibliothek zu ordnen, und einen Catalog zu derselben anzufertigen. Als ich dann Abschied von ihm genommen, denn seine Zeit war sehr beschränkt, und ihm traurig nachsah, wie er über den Platz ging, an der Seite seines

ihn so innig liebenden Schwagers, da fiel es mir plötzlich
wie Bergeslast aufs Herz: „Du siehst ihn nicht wieder!"
Und ich riß das Fenster auf und lehnte mich weit hin=
aus — meine Stimme konnte ihn nicht mehr erreichen,
diese Stimme, halb erstickt von Thränen. Jetzt war er
an der Ecke — noch ein Schritt und er war verschwun=
den. Da aber, als ob er geahnt, mit welchen Gefühlen
ich ihm nachgeschaut, blieb er stehen, sah nach meinen
Fenstern hin, nahm den grauen Reisehut ab und grüßte.
Das Haar wehte im Winde, er strich es mit der Hand
von der Stirn; noch einmal blickte ich in das feine,
blasse Gesicht, noch einmal überflog ich die schlanke,
etwas gebeugte Gestalt im grauen Ueberrock. Das Reise=
täschchen am grünen Gurtbande hing ihm über die linke
Schulter, — ich könnte noch heute jede Einzelnheit der
Erscheinung malen; dann bog er um die Ecke, — und
ich sah meinen Bruder nie wieder. — —

Kaum nach London zurückgekehrt, flogen seine Brief=
blätter wieder fleißig herüber; er arbeitete sehr viel, und
man fing an, ihn von allen Seiten in Anspruch zu
nehmen und aufmerksam auf ihn zu werden. Auch ein
neuer Freund trat auf, an den sich Eduard mit großer
Wärme und mit wahrer Hingabe anschloß; es war
August Petermann aus Gotha, der Geograph der
Königin von England, dessen Name bereits in der
wissenschaftlichen Welt den besten Klang hatte, Pflegesohn
des bekannten Geographen Professor Berghaus in Berlin.

Mit ihm und Berthold Seemann, dem Botaniker, seine
Freistunden zu verbringen, war Eduards höchste Freude.
Man sah sich so oft wie möglich, bald bei dem Einen,
bald bei dem Andern. Wie oft saßen sie wohl beisammen,
diese drei feinen, geistreichen Köpfe, Jeder in seiner Weise
so bedeutend, und doch wie unendlich verschieden von
einander, — und durchwanderten im Geiste ferne Wun=
derländer und sahen die Lotosblume blühen und hörten
die Palmen rauschen, unter denen wir nun einmal nicht
ungestraft wandeln sollen. Welche Pläne mochten da
wohl aufstehen und wieder versinken, und welche
Träume, welche Wünsche wurden laut in jenen Ge=
sprächen über die Märtyrer der Wissenschaft, für deren
Geschick Eduard sich so glühend interessirte, über Franklin
und Kane, Mungo Park und Richardson, Barth und
Overweg. In solchen Stunden entstand in der Seele
Eduards zuerst der Gedanke: „Du willst es ihnen gleich
thun!" Diese Stunden machten den Boden fruchtbar,
daß die Blume seiner Reiselust rasch und rascher empor=
wuchs, bis hoch hinauf in die Wolken.

So flog denn eines Tages, am 31sten Januar des
Jahres 1853, nachfolgender Zettel über den Kanal in
das stille Haus in Minden. Man legte ihn mir auf
den Geburtstagstisch als schönstes Geschenk. Mit Jubel
wurde er begrüßt, und mit heißen Thränen bei Seite
gelegt, als man ihn gelesen. Er lautete:

Neunzehnter Brief.

Liebste, beste Lili!

Ich habe Dir zugleich mit meinen zärtlichsten Glück=
wünschen zu Deinem Geburtstage eine Nachricht zu sen=
den, die Dich hoffentlich nicht schmerzlich berühren, viel=
mehr mit Stolz und Freude erfüllen wird. Am 7ten
Februar nämlich verlasse ich England, um im Auftrag
der englischen Regierung eine große Entdeckungsreise in
das Innere von Afrika anzutreten, die mich etwa drei
Jahre von Europa fern halten dürfte. In welcher Auf=
regung ich bin, läßt sich nicht beschreiben. Afrika, dieser
wunderbare Erdtheil, hat für mich jene geheimnißvolle
Anziehungskraft des verschleierten Bildes zu Saïs. Ich
würde die Hand nach dem Schleierzipfel ausstrecken,
um ihn zu lüften, auch wenn ich wüßte, daß es mir
ergehen sollte wie jenem bekannten naseweisen Jüng=
ling. Du weißt, ich bin in unserm Vogelnest der Zug=
vogel. Wie zufrieden wäre mancher andere Streb=
same in dem großen, anregenden London gewesen —
ich war's im Grunde doch nicht. Es schlug immer
etwas wie mit Schwalbenflügeln in mir — ich wollte
fort — wohin, wußte ich nur noch nicht. Jetzt weiß
ich's, wohin es die Schwalbe trieb. Ich gehe von hier
über Paris, Livorno, Civita Vecchia, Neapel nach Malta,
von dort nach Tripoli, von da mit einem Courier nach
Murzuk, und von dort mit einer Caravane nach dem
See Tschad, woselbst ich mit Barth und Overweg zu=

sammen zu treffen und mit ihnen gemeinschaftlich weiter zu reisen hoffe. Sie erwarten mich in der Negerstadt Kufa. Wir gedenken sodann zusammen die Quellen des Nils zu erforschen, das Mondgebirge zu besuchen, und endlich, etwa bei Zanzebar oder Mozambique, nach dem indischen Ocean durchzudringen. Glückt Alles — und mit dem Muthigen ist ja das Glück — so habe ich die größte Landreise gemacht, die je unternommen worden. Ich werde hauptsächlich mich mit geographischen Ortsbestimmungen, magnetischen Beobachtungen und Pflanzensammeln beschäftigen, alles Dinge, die noch Niemand in Centralafrika gethan. Du brauchst Dich meinetwegen nicht zu ängstigen, lieber Schatz; rede auch der guten Mutter zu, daß sie es nicht thut. Das Klima ist nicht ungesund, (Barth und Overweg haben es schon drei Jahre lang ausgehalten), und was die Eingeborenen betrifft, so reisen wir gut bewaffnet unter gehöriger Bedeckung und unter englischem Schutz. Ich schreibe Dir diese Zeilen, umgeben von allen möglichen Instrumenten und sonstigen Reiseutensilien; Du mußt mit der Unruhe, in die mich diese Vorbereitungen zu meiner Expedition versetzen, meinen schlechtgeschriebenen Brief entschuldigen. Ich habe mich übrigens um diese Reisegelegenheit durchaus nicht beworben, vor etwa acht Tagen erst überraschte mich der Chevalier Bunsen mit der Nachricht, daß man mich aussenden wolle, und gestern erst ist Alles definitiv entschieden worden.

Du wirst im Laufe der nächsten Wochen ein kleines Kistchen von hier erhalten. Es enthält unter Anderm

ein Porträt von mir, das der gute Scher für Dich ge=
malt hat. Nach Urtheil aller Sachverständigen ist es
sehr wohl gelungen, und ich gefalle mir selber gut darin.
Ich habe dasselbe bis zur Stunde nicht absenden können,
da es noch etwas feucht ist, und ich es auch einigen
Freunden erst zeigen möchte. In wenigen Tagen wird
es aber in Deinen lieben, kleinen Händen sein. Von
hier oder Paris aus schreibe ich noch einmal ausführ=
lich an Dich, und den lieben Schwager, den ich tausend
Mal zu grüßen bitte. Wenn Du gleich antwortest,
so trifft mich Dein Brief noch hier, solltest Du erst nach
dem Freitag schreiben können, so adressire ihn an
Se. Excellenz den Chevalier Bunsen, 9 Carlton house
Terrace. Küsse Deinen kleinen Walter, und sage ihm,
daß ich ihm einige winzige Negerchen zum Spielen aus
Afrika mitbringen wolle. Lebe wohl, Liebste, feiere
Deinen Geburtstag recht vergnügt und erfreue bald mit
einigen Zeilen   Deinen

Dich anbetenden Bruder
Eduard.

Zwanzigster Brief.

39. Upper Albany Street Regents
parc, Februar 1853.

Liebster Vater!

Ich habe gerade noch vor Postschluß Zeit, Dir, der
lieben Mutter und Julien für die langen und inter=

essanten Briefe zu danken, die ich am Sonnabend erhielt. Ich konnte dieselben nicht früher beantworten,
da ich einige Tage auf dem Lande zubringen mußte, von
woher ich eben erst wieder zurückgekehrt bin. Und so
kommt es, daß ich Dir erst heute eine Nachricht bringen
kann, die Dich vielleicht überraschen, hoffentlich aber
nicht erschrecken oder betrüben wird. Am 15ten Februar
verlasse ich England, um im Auftrag und Dienst der
englischen Regierung eine große Entdeckungsreise in das
Innere Afrika's anzutreten. Du wirst vielleicht ver-
muthen, daß ich diesen Plan Dir absichtlich verschwie-
gen, lieber Vater, ich wußte aber selber noch vor vierzehn Tagen kein Wort davon, und ward erst am 17ten
Januar durch Bunsen mit der Nachricht überrascht, daß
man beabsichtige, mich den beiden Reisenden Barth und
Overweg nachzuschicken, um geographische Ortsbestimmungen, magnetische und meteorologische Beobachtungen
zu machen, und Pflanzen zu sammeln. Jetzt hilft nun
kein Abrathen und Abreden mehr, ich bin nun fest ge-
bunden und werde am 15ten dieses in Begleitung von
zwei Sappeurs, die man mir als Diener mitgiebt, mit
dem englischen Postboot nach Malta abgehen. Dort
hat der Gouverneur Befehl, mir ein Schiff zur Dis-
position zu stellen, das mich nach Tripolis bringen soll.
Von dort aus gehe ich mit vier Dienern, (ich nehme
noch einen Malteser und einen Araber mit), nach Murzuk, und von da nach Kufa an den See Tschad, woselbst ich mit Barth und Overweg zusammenstoße. Mit
ihnen gemeinschaftlich gedenke ich zur Erforschung der

Nilquellen, des Mondgebirges, der Schneeberge vorzu=
dringen, um Ende 1855 bei Mozambique wieder zum
Vorschein zu kommen.

Lord John Russel hat sich höchst liberal gezeigt, ich
solle nur die Kosten nicht scheuen, dagegen Alles reich=
lich und vorzüglich mitnehmen. Ich werde ihn vor
meiner Abreise noch einmal sehen, bei einem großen
dinner, das Bunsen mir zu Ehren giebt. Alles, was
in England irgend einen Namen in der Wissenschaft hat,
interessirt sich auf das Höchste für dieses mein Unter=
nehmen. Colonel Sabine hat mir die magnetischen In=
strumente besorgt, Sir William Hooker und Robert
Brown die zum Pflanzensammeln nöthigen Utensilien.
Bishop und Hind sind zwar traurig, mich fortlassen zu
müssen, indessen hat durch diese Veränderung meiner
Gegenwart und Zukunft unser Freundschaftsverhältniß
nicht den geringsten Stoß erlitten. Hind wird meine
Bücher, die ich zurücklasse, in seine Obhut nehmen;
Bishop hat mir aufgetragen, doch ja recht oft zu schrei=
ben und ihm Pflanzensaamen zu schicken. Ich habe
Sir William Hooker gebeten, die ersten drei neuen Genera,
die ich entdecken werde, „Bishopia“, „Bunsenia“ und
„Hindia“ zu nennen.

Bitte, beruhige die gute Mutter nach Möglichkeit
über die Gefahren der Reise. Dieselben sind keinenfalls
so groß, als sich ihre lebhafte Fantasie vorstellen dürfte.
Das Klima ist, wie ich schon Lili schrieb, in den Theilen
Afrika's, die ich bereisen werde, gesund; ein Zeugniß
dafür geben Barth und Overweg, die sich schon drei

Jahre lang darin sehr wohl befunden. Die Einge=
borenen fürchte ich nicht. Einmal flößt ihnen der Name
England Respect ein, und wenn wir in Gegenden kom=
men, wo derselbe unbekannt, so werden wohlbewaff=
nete Europäer sich auch schon allenfalls durchschlagen
können, denke ich. Daß die ganze Expedition auch hier
für gar nicht so gefahrvoll angesehen wird, zeigt der
Umstand, daß man mir für etwa 1400 Thaler Instru=
mente sorglos mitgiebt. Außer diesen nehme ich Kisten
voll Glasperlen, kleinen Spiegeln, Messern, Ziehhar=
monikas, Spieluhren u. s. w. mit, da das Geld hinter
Murzuk von keinem Nutzen mehr ist, und dergleichen
Gegenstände seine Stelle vertreten müssen. Bis ich nach
Kufa komme, und auch von da aus, kann ich ziemlich
regelmäßig schreiben.

Mit meiner Doctor=Promotion muß ich warten, bis
ich wieder komme; ich denke, dann wird man mich wohl
zum Doctor honoris causa machen. Ich schreibe
noch einmal von England oder von Lissabon aus, und
erwarte sicher noch Briefe vor meiner Abreise. Nachher
bitte ich alles für mich Bestimmte an Bunsen zu adres=
siren. Ende dieser Woche muß ich in Geschäften nach
Edinburg und sehe dann den guten Robert noch ein=
mal. Julie soll mir doch schreiben, wie ihr der „Pen=
dennis" in seinem Verlauf gefallen. Ich werde Hermann
Muscheln vom Tschad=See schicken. Ritter läßt Dich herz=
lich grüßen. Er hat Deinen Netzatlas, der ihm aus=
nehmend gefallen, sogleich der geographischen Gesellschaft
vorgelegt. Ich wollte, Du könntest den glückseligen Brief

lefen, den er gefchrieben, als er von meiner Expedition
hörte, er würde Dich auch fröhlich machen, befter
Vater.*) So leb denn wohl und forge Dich nicht.
Grüße für alle Lieben nah und fern. — U. f. w.

Wir Alle haben feit jenen verhängnißvollen Briefen
in Gedanken an Eduard keine ruhige Stunde mehr ge=
habt. Auf uns Allen laftete die Vorahnung feines Ver=

*) Der berühmte Gelehrte hatte eine wahrhaft väterliche Zu=
neigung zu Eduard gefaßt, die er bei den verfchiedenften Gelegen=
heiten kund gab. So befuchte er einmal auf einer Reife, die ihn
durch Leipzig führte, den Vater. Er traf ihn nicht zu Haufe und
wollte auf ihn warten. Als meine Schwefter, beunruhigt durch
das längere Ausbleiben des Papa, mit dem Verfuch einer Entfchul=
digung in den Salon trat, fand fie den ehrwürdigen Herrn vor
dem Porträt Eduards. Er hatte fich einen Stuhl an das Bild
gefchoben, und fagte, fein mildes Geficht mit den klugen Augen zu
ihr hinwendend, freundlich: „Ich habe mich unter den Schuß meines
lieben, jungen Freundes begeben und fühle mich da fo wohl und
ficher!" In einem längeren Gefpräche mit dem zurückgekehrten Vater
rühmte er feinen ehemaligen Schüler in fo warmer, faft begeifterter
Weife, daß feinem Zuhörer das Herz dabei aufging in Stolz und
Freude. Auch der bekannte Dr. Baikie, der ebenfalls das Eltern=
haus Eduards befuchte, war voll feines Lobes, und verficherte wie=
derholt, daß er in der kurzen Zeit feiner Bekanntfchaft fich nicht
nur feine volle Liebe, fondern auch feine Hochachtung zu erwerben
gewußt durch fein durch und durch edles, tüchtiges und liebens=
würdiges Wefen. Er war eben, darin ftimmen Alle überein, troß
feiner Jugend und Kindlichkeit, troß feiner Befcheidenheit und Un=
befangenheit, in geiftiger Beziehung ein durch und durch fertiger
Mann.

lustes mit drückender Schwere. Unsere arme Mutter
litt unsäglich, sie allein sprach es aus, daß sie den Ge=
liebten nie wiedersehen werde. Alles, was zärtliche Liebe
und Angst um ein theures Leben auszusprechen vermag,
schrieben wir ihm. Abmahnen konnten wir nicht mehr,
durften es ja auch nicht, aber bitten durften wir, nicht
zu schnell zu entscheiden. Wie viele Blätter, beschwert
von Thränen und Seufzern, sind in Folge dieses einen
Briefes über den Canal geflogen — vergebens. Es war
etwas von jenem erhabenen Muth in ihm, der die
ersten Christen den wilden Bestien entgegentreten ließ,
die man ausschickte, sie zu zerfleischen, von jenen Mär=
tyrern, die um ihrer Ueberzeugung willen den Scheiter=
haufen bestiegen. Auch er sagte: „Ich kann nicht an=
ders — Gott helfe mir, Amen.“ „Mein Leben gehört
nicht mehr mir, sondern der Wissenschaft,“ schrieb er.
„Wie oft verspürte ich die Lust in mir, mich einer Nord=
polexpedition anzuschließen, aber ich habe immer gar zu
leicht gefroren, und da wäre es doch gar zu schlimm
für mich gewesen, da man dorthin keinen Ofen mit=
nehmen kann. An dem glühenden Ofen Afrika's, da
ist mein Plätzchen. Ihr habt mich oft verspottet, daß
ich so viel Hitze vertrug, nun kommt mir's zu Statten.“

So ging er denn, ging dem Ruhme entgegen. Ehr=
geiz war in ihm von jeher, aber Ehrgeiz in seiner
edelsten Gestalt, kein Neid, den Bevorzugten, Reicher=
begabten gegenüber, aber ein brennendes Streben, es
den Besten seiner Genossen gleich zu thun. Schon als
Knabe konnte er blaß werden vor übermächtiger Er=

regung, wenn er irgend eine Auszeichnung empfing.
Während nun alle Freunde nah und fern uns glück=
lich priesen, um solchen Sohnes, solchen Bruders willen,
während die Zeitungen von ihm als von einem auf=
gehenden Stern der Wissenschaft redeten, hätten wir
Alles dahingegeben, wenn wir ihn — ohne „Ruhm"
und „Zukunft" — in seiner stillen Klause behalten. Zu
all unserm bangen Kummer, zu all unsern Ahnungen
und Befürchtungen kam der Tod Overweg's, der uns
Alle auf das Tiefste erschütterte, und den wir der Mutter
Monate lang zu verschweigen versucht haben. Erst mit
den Briefen, die ich hier folgen lasse, wehte es wie ein
Hauch von Trost zu uns herüber; der frische Muth, die
frohe Zuversicht des Schreibenden hatten gleichsam etwas
Ansteckendes — wir fingen an, uns aufzurichten, zu hoffen.

Einundzwanzigster Brief.

Am Bord des Mail Steamer Bengal.
Cap Trafalgar. Mittwoch, Febr. 24. 1853.

Liebste Mutter!

Nur wenige flüchtige Grüße und die Nachricht, daß
ich so eben nach einer überaus angenehmen Reise von
nicht ganz vier Tagen in Gibraltar angekommen bin.
Ich habe eben den ersten Blick auf jenen geheimniß=
vollen Continent geworfen, zu dessen Erforschung mich
ein günstiges Geschick ausersehen. Aengstige Dich meinet=
wegen nicht, es geht mir sehr gut, und wird mir wohl

8*

auch ferner gut gehen. Von Malta aus schreibe ich ausführlich an alle Lieben, die ich in Deutschland zurückgelassen, da ich leider keine Zeit hatte, von London aus Abschied zu nehmen. Bis dahin Allen meine herzlichsten Grüße. Entschuldige die schlechte Schrift, das Schiff schaukelt gar zu sehr. Dienstag hoffe ich nach Malta zu kommen, wo ich acht Tage bleiben werde. Adieu bis dahin. Dein

treuer und gehorsamer Sohn
Eduard.

Zweiundzwanzigster Brief.

Liebster, bester Schwager!

Ich habe eben so wenig von Ihnen, wie von den Eltern ordentlich Abschied nehmen können, ehe ich England verließ. Sie werden das entschuldigen, wenn Sie bedenken, daß ich in drei Wochen die Vorbereitungen zu meiner Expedition treffen, und außerdem meine Angelegenheiten in London arrangiren mußte. Ich sende Ihnen deshalb diese flüchtigen Zeilen vom Schiffe aus; mehr zu schreiben, erlaubt das Schwanken nicht, welches nicht nur die Hand schwankend macht, sondern auch den Kopf nicht wenig einnimmt. Meine Reise bis hierher, die ich in fünfzehn Tagen vollendet, bot des Interessanten gar wenig, einen 24stündigen Aufenthalt in Malta und einen 6stündigen auf den Ruinen Karthago's ausgenommen; ich werde Ihnen eine ausführliche Reisebeschreibung von Tripolis aus zukommen lassen. Meiner lieben Lili sagen Sie tausend Dank für den Brief mit seiner kostbaren Einlage. Die Nadel wird mich auf meiner Wanderschaft begleiten und mir stets, wenn ich sie ansehe, glückliche Stunden ins Gedächtniß rufen. Ich habe für Lili in Tunis etwas echtes Rosenöl gekauft, was ihr als verspätetes Geburtstagsgeschenk durch den preußischen Courier zukommen wird. Sie soll nur ja nicht viel auf einmal davon gebrauchen, es riecht sonst streng und betäubend, ein ganz kleiner Tropfen ist hin= gegen ein köstliches Parfüm. Nun Adieu! — U. s. w.

Unser theurer Vater war der Erste, in dessen Seele jener gerechte Trost aufstand, einen Sohn zu haben, auf den er stolz sein durfte im vollsten Sinne des Wortes, und durch ihn erhoben und gestärkt, lernten wir es auch allmählich, auf den Geschiedenen hinzublicken als auf die Sonne und Ehre unseres Hauses. Nur unsere Mutter lernte es nie. Wohl wurde nach und nach ihr Herz, das nur für die Ihrigen schlug und sorgte, stille, aber ein anderer Trost hatte es stille gemacht. Wir fanden sie oft mit verweinten Augen in ihrem einsamen Stüb= chen, umgeben von Erinnerungen an Eduard, und vor ihr aufgeschlagen lag das heilige Buch. Und sie hatte, wenn wir zu ihr eintraten, wie immer einen heitern Blick für uns und ein sanftes Lächeln, und wenn wir dann wohl einmal später heimlich nachsahen, wo das Zeichen in ihrer Bibel (ein Blättchen aus einem Schul=

buch) Eduards) lag, fanden wir es immer bei jenem
Spruch:

„Und hätte ich Flügel der Morgenröthe und flöhe
an das äußerste Meer, so würde mich doch deine
Hand führen und deine Rechte mich halten."

Aber wie sie kämpfte, trotz alledem, mit quälenden
Fantasiebildern, wie sie litt durch furchtbare Träume,
die ihr den Sohn in den schrecklichsten Gefahren zeig=
ten, davon redete sie, davon schrieb sie nur selten. Und
Jahre lang hat sie dieses ungeheure Leid still getragen,
denn dazwischen kam ja doch immer die Taube mit dem
Oelblatt: ein Brief aus Afrika. Mit welchen Gefühlen
begrüßte sie jedes Jahr die Schwalben, ihre Lieblinge,
von denen sie immer sagte, sie kämen von ihm. Diese
Schwalben blieben auch noch ihr Trost, als schon Alles
still geworden war, als keine Kunde mehr kam, kein
Laut mehr zu uns drang — lange, lange — bis sie
endlich selber ging, nach dem Verlorenen zu sehen. —

Hier folgt sein erster Brief aus Tripolis an den
Vater, vom 28sten Juni 1853.

Dreiundzwanzigster Brief.

Tripoli in Barburg, den 28. Juni 1853.

Liebster Vater!

Ich werde heute von Tripoli nach dem Innern ab=
reisen, und da will ich doch nicht versäumen, Dir von
dem bisher von mir Erlebten in aller Kürze Nachricht

zu geben. Ich habe so lange nicht geschrieben, weil ich, seitdem ich England verlassen, ohne alle Nachricht von Euch geblieben bin, und somit nicht einmal weiß, ob meine früheren Briefe wirklich in Leipzig und Minden angekommen sind. Ich hoffe nun aber sicher darauf, in Mourzuck oder Kuka einige Zeilen von Dir zu erhalten; schicke sie nur nach London an den Chevalier Bunsen und ersuche denselben, sie sogleich durch das Foreign office an H. Britt. Maj. Consul, General in Tripoli (Barbary) Col. Herman senden zu lassen. So lange ich in Afrika bin, habe ich mich stets der besten Gesundheit zu erfreuen gehabt, und hat die Hitze (34° im Schatten) mich keineswegs sehr angegriffen. Dagegen ist einer meiner beiden Sappeurs fast ein Opfer des Klima's geworden, er liegt augenblicklich hier so krank, daß wir schon an seinem Aufkommen gezweifelt haben. Natürlich muß er so bald wie möglich nach England zurückkehren, und habe ich schon um einen Ersatzmann nach Malta geschrieben. Zwei Tage vor dem zur Abreise der Expedition bestimmten Termin, als ich spät in der Nacht von dem Orte heimkehrte, an dem meine Karawane bereits bivouakirte, hatte ich das Unglück, mit dem Pferde zu stürzen (ich hatte mir bei meiner Ankunft hier sogleich ein Pferd gekauft, und war bei täglicher Uebung ein ganz leidlicher Reiter geworden) und mir dabei den linken Fuß so bedeutend zu beschädigen, daß ich genöthigt war, mein Gepäck und meine Begleitung nach Benoulid abgehen zu lassen (woselbst Wasser und Vorräthe aller Art eingenommen werden

müssen) und acht Tage liegend hier zu verweilen. Ich
kann jetzt wieder so ziemlich gehen, und bin wohl genug,
um heute Abend in Begleitung des Viceconsul Reede
und dreier meiner Leute, die hier auf mich gewartet,
abreisen zu können, und hoffe, meinen Zug in drei
Tagen einzuholen, wozu ich freilich täglich sechszehn
Stunden lang zu Pferde sein muß. Man hat mich
hier mit Allem, was für eine drei= oder viertägige Ex=
pedition nöthig ist, aufs Glänzendste ausgerüstet. Mein
Gepäck wird von vierunddreißig Kameelen getragen,
meine Begleitung besteht aus fünfzehn Arabern, zwei
schwarzen Bedienten, einem Maltefer Koch, meinem übrig
gebliebenen Sappeur, und dem Sohne des ehemaligen
Consul Col. Warrington, der bis Mourzuck mitgeht.
Derselbe ist hier erzogen worden, und weit und breit
von den Arabern gekannt und geliebt. Ich habe in
ihm einen treuen Freund gefunden, der, um meine Sor=
gen und Mühen etwas zu erleichtern, in der heißesten
Jahreszeit 750 Meilen mit mir geht. Ob ich den
Dr. H. Barth in Kufa antreffen werde, weiß ich nicht,
und glaube es kaum. Die letzte Nachricht, die wir durch
den Vezir des Sultans von Bornu von ihm erhielten,
war, daß er von Sindar abgereist, und daß es unmög=
lich sei, ihm Briefe u. s. w. nachzusenden. Ob Barth
auf demselben Wege, den er gegangen, wieder von Tim=
buctu zurückkehren kann, ist mehr als zweifelhaft; ich
habe indeß auf alle Fälle Ordre, auf eigene Hand Ent=
deckungen anzustellen. Mit Geldmitteln bin ich reichlich
versehen (eine große Hauptsache für Einen, der in Afrika

reist); es stehen mir augenblicklich baar etwa 4000 Thlr.
zu Gebote, und kann ich außerdem aufnehmen, was ich
etwa noch mehr brauche. Was meine eigene Person
anbetrifft, so weiß ich nicht, ob Du gehört hast, daß
ich durchaus keinen Gehalt, und auch weiter keine Aus=
sichten habe, als das Versprechen Lord John Russels,
des Earl of Clarendon, Sir Roderik Murchison, Col.
Sabine, Chev. Bunsen u. s. w., für mich zu sorgen,
wenn ich zurückkäme. Trotz alledem, schreibt mir
Encke, hätte ich einen guten Wurf gethan, und zweifle
ich auch durchaus nicht, daß ich irgend eine Stelle finden
werde, wenn ich meine Reise glücklich durchgeführt;
bis dahin habe ich, was ich bedarf. Die ganze Zeit,
die ich mich hier aufgehalten, verlebte ich im engli=
schen Consulat, woselbst ich wie ein Sohn im Hause
gehalten worden bin. Ich wollte nur, Mama hätte
sehen können, mit welcher mütterlichen Sorgfalt Mrs.
Herman (die selber keine Kinder hat) mich verpflegt, und
sich meiner Garderobe, Wäsche u. s. w. angenommen.
Ich habe, außer in der Bürgerschule zu Leipzig, nur
noch bei Lili in Minden, oder in Mohrenhaus eine so
schöne und herzliche Aufnahme gefunden. Colonel oder
Mrs. Herman werden an Dich schreiben, so oft sie irgend
etwas von mir hören. Bitte, danke ihnen dann doch
für alle die Güte, die sie mir erwiesen. Ich werde Dir
durch Bunsen wahrscheinlich ein kleines Päckchen mit
Steinen und Münzen, die ich in Carthago und Lasti=
major gefunden habe, zusenden. Die drei Goldstücke
neuern Gepräges, die dabei liegen, gehören der lieben

Mutter, sie sind Ersparnisse von dem mir zum Privat=
gebrauche übergebenen Gelde.

Es ist möglich, daß d'Arrest früher einen Brief von
mir erhält, als Du; ich habe meine Correspondenz mit
verschiedenen Schiffen schicken müssen. Bitte, sage ihm,
wenn er schreibe, möge er Robert Luther und F. A. Hensel
tausend Mal von mir grüßen; ich kann augenblicklich
an diese beiden treuen Freunde nicht schreiben. Und nun
zum Schluß die Bitte, mich recht bald wissen zu lassen,
wie es zu Hause aussieht, ob in Minden Alles wohl
ist, ob Mohrenhaus noch steht u. s. w.

Tausend Grüße an Mutter, Großmutter, Lili und
Polko (an die ich meinen nächsten Brief richten werde).
Lili soll Waltern ein Dutzend Küsse geben von dem
Onkel, den er so oft wieder nach London gewünscht.
Please remember me kindly to dear Julia. Ebenso
Gruß an Bruder Otto, der mir kurz ehe ich London
verließ in seiner Sorge um mich einen sehr kläglichen
Brief schrieb. Sage diesem allzuzärtlichen Bruder*), ich
sei gegangen, um ein neues Gummi und neue Farb=
stoffe zu entdecken, das wird ihn trösten. Mit Wilhelm
und Hermann geht hoffentlich Alles gut; Letzterem
wünsche ich, daß er wachsen möge (in die Breite) und
zunehmen an Wohlgefallen bei Gott und Menschen.
Tausend Grüße ferner an Onkel Pilgrim und Anna B.,
an Flinschen's u. s. w., nicht zu vergessen Professor
Drobisch, Hanckel und Möbius.

---

*) Der damals sich mit Farbstoffen beschäftigte.

Mein nächster Brief wird von Mourzuck datirt sein. Bis dahin Gott befohlen!   Eduard.

Randschriften.

Von Mourzuck werde ich Dir einen Auszug aus meinem Reisejournal senden. Ich muß erst Erlaubniß vom Foreign office einholen, ehe ich etwas veröffent= lichen darf.

Bitte den Freund Adolph Barth um Entschuldigung, daß ich seinen Brief nicht beantwortet, ich hatte wirklich keine Zeit. In der Mondkartenangelegenheit wolle er nur an Col. Sabine 11 old Berlington Street, Pic-cadilly, schreiben.

Vierundzwanzigster Brief.

Mourzuck, 12. August 1853.
Liebste Mutter!

Ich habe gerade noch Zeit, Dir in aller Kürze mit= zutheilen, daß ich am 5ten dieses Monats wohlbehalten in Murfug (Murzuk) eingetroffen bin. Von der Folge des Sturzes, den ich in Tripoli hatte, bin ich vollkommen wieder hergestellt und auch sonst im besten Wohlsein, troß der beschwerlichen Wüstenreise, die ich mitten im Sommer gemacht habe. Wir waren achtunddreißig Tage unterwegs, und während dieser Zeit drei Mal fünf Tage lang ohne frisches Wasser, (in fünfzehn Tagen trafen wir nur drei Brunnen), und was es heißt, Wasser zu trinken, das fünf Tage in einem ledernen Schlauche gewesen, weiß nur der zu würdigen, der es gekostet hat. Als ich hier in Mourzuck ankam, brachen wir Alle in einen Ruf der Freude und Verwunderung aus, daß wir durch das Wasser, was wir tranken, hindurch bis auf den Boden des Gefäßes sehen konnten, ein Vergnügen, das wir nicht gehabt, seit wir Tripoli verlassen. Ich bin überall in jedem Orte aufs Beste aufgenommen worden, schon meines Freundes Warrington wegen, der bei allen Arabern in hohem Ansehen steht. Hier in Mourzuck wohne ich ganz bequem und angenehm im Consulate; die einzige Plage sind Schwärme von Fliegen, die Einen fast toll machen, und zahlreiche Scorpione. Gestern Abend, wo es sehr warm war, wurden allein auf dem Platze, auf dem wir wohnen, nicht weniger als vierundzwanzig Leute von welchen gestochen, und ich finde jeden Abend einen oder zwei in meiner Stube. Die Hitze ist hier mäßig, im Zimmer 32⁰, draußen 36⁰, in der Sonne am Mittag 45⁰. Von Abendkühle ist hier nicht die Rede, das Thermometer sinkt höchstens ein bis zwei Grad. Die Reise hierher habe ich theils zu Pferde, theils auf einem Kameele gemacht; nach Kuka werde ich zu Pferde gehen, bei Weitem das Angenehmste, zumal da mein Fuß jetzt wieder in Ordnung ist. Ich denke Mitte September von hier abzureisen, werde aber jedenfalls vorher noch zwei oder drei Mal schreiben und eine ausführliche Erzählung meiner recht interessanten Reise einsenden. Sehnlichst erwarte ich Briefe aus Leipzig; bis jetzt habe ich nur einen von Julien bekommen, den ich am fünften

Juli in Benoulid erhielt. Vaters Geburtstag habe ich in Sokno gefeiert, wir tranken seine Gesundheit in der letzten Flasche Wein, die ich besaß. Tausend Grüße an den lieben Vater, an Lili, Polko, die Großmutter, an Julie, Dr. d'Arrest, Prof. Drobisch, Möbius, Hanckel und alle Lady's und Gentlemen, die sonst nach mir fragen. In acht Tagen geht wieder ein Courier von hier ab, mit ihm werde ich an Lili schreiben. Möglich, daß beide Briefe zugleich ankommen.

Und nun Gott befohlen!

Dein

Eduard.

Randschrift.

Ich heiße jetzt Abd el Wochad, Sklave des einen Gottes; meinen eigenen Namen könnte kein Araber ver= stehen und merken.

Fünfundzwanzigster Brief.

Aschenûmma, Tiboo, den 26. November 1853.

Liebste Mutter!

Ich habe so eben einen Mann aufgetrieben, der mit Depeschen von mir nach Mourzuck gehen will, und da kann ich denn nicht umhin, Dir den ersten und einzigen Brief, den je ein Sterblicher von Aschenûmma (einer Oase, in der Mitte der großen Wüste Sahara gelegen) empfing, zu schreiben. Ich habe eine sehr beschwerliche Reise von Mourzuck bis hierher gehabt, und durch fünfzehn Tage

nichts als Sand und Himmel gesehen, auch nicht das
kleinste Hälmchen Gras! Jetzt bin ich, Gott sei Dank,
nur noch zwanzig Tage weit vom See Tsad, und dem
prächtigen grünen Bornu; allen Aufenthalt eingerechnet,
hoffe ich sicher Neujahr in Kuka sein zu können. Wenn
mir das Einer auf dem letzten Sylvesterballe prophezeit
hätte! Ich bin so wohl, als die Umstände erlauben,
nur etwas matt, was sehr natürlich ist, wenn man be-
denkt, daß ich in zwanzig auf einander folgenden Tagen
täglich dreizehn Stunden zu Pferde gesessen habe, und
dabei jede Nacht zwei Stunden Wache gehalten, ohne
irgend eine andere Nahrung, als Reis und eine Art
Graupen von Weizenmehl, in Wasser gekocht, und hin
und wieder eine Hand voll Datteln! Hier haben wir
Fleisch in Ueberfluß, ich genieße nur die Brühe davon,
da mein Magen etwas schwach ist und man sich hier
mehr als irgendwo vorsehen muß, nichts Schwerver-
dauliches zu genießen.

Wenn Du nur einen Blick auf diese Gegend werfen
könntest; dies Meer von Sand, mit seinen Inselchen
von Palmen und den schwarzen Felsen, die überall nackt
und fahl emporstarren, und wenn Du mich sehen könntest,
fast schwarz verbrannt von der Sonne, in halb arabischer,
halb europäischer Kleidung, in einem Zelte platt auf der
Erde liegend, während ich diese Zeilen schreibe, denn
mein ganzes Ameublement besteht aus einem Feldstuhl
und einer Matratze, nebst zwei Strohmatten; mein Tisch
hat schon lange vorher in Zeltpflöcke und Brennholz ver-
wandelt werden müssen.

Da Du eine so große Freundin von Thieren bist,
so würden Dir meine beiden Pferde, ein graues und
ein braunes, viel Freude machen; sie sind so zahm,
daß sie mir wie Hunde überallhin nachlaufen, und wenn
ich esse, sicher kommen, um sich ein paar Datteln zu
holen. Das graue Pferd ist sehr schön und ein Ge=
schenk von Hassan Pascha, dem Gouverneur von Mur=
suf; das braune, auf dem ich in Tripoli reiten gelernt,
ist auch recht hübsch und so unbändig, daß keiner meiner
Begleiter es je besteigen will; ich bin die einzige Per=
son, die es nicht abwirft. Gestern machte ich meine
officielle Visite beim Sultan von Tiboo, in dessen Lande
ich mich augenblicklich aufhalte. Er lebt in einem kleinen
Erdhäuschen mit Palmzweigen bedeckt, und empfing
mich in einem Zimmer, das außer ihm und den Vor=
nehmsten seines Volkes noch zwei Ziegen und ein Pferd
beherbergte. Se. Majestät saß auf einer niedrigen Bank
von Rohr, gekleidet in eine blaue Blouse mit einem
ungeheuren, furchtbar schmutzigen Turban auf dem Kopfe.
Ich ging auf ihn zu, und gab ihm die Hand, zum Zei=
chen, daß ich ihn für keine über mir stehende Person
halte (zum Erstaunen aller Tiboos), und erkundigte mich
nach seinem Befinden. Er frug, wo ich die Königin von
England verlassen, und versicherte mich, daß ich ohne
alle Bedenken sein Land durchziehen könne, da er Alles
für mich thun werde, was er könne. Er war sehr er=
freut über meinen Plan, einen Courier nach Mursuf
zu senden (den ersten einzelnen Boten, der je diese Reise
gemacht), und versprach mir, etwaige Briefe, die ich von

Kuka schicken werde, sicher zu befördern. Ich beschenkte
ihn darauf zu seiner großen Freude mit einem rothen
Bournus und Kaftan, einem Stück Mousselin, einer
rothen Mütze, zwei Rasirmessern und einigen Stücken
grauen Calicots. So wie ich zu meinen Zelten zurück=
gekehrt war, schickte er mir dagegen zwölf große Schüs=
seln voll gekochten Reis und ein fettes Schaf, welche
Vorräthe von meinen Leuten in weniger als einer Stunde
verschlungen wurden. Juliens Geburtstag habe ich mit
einem Tropfen Wein gefeiert (mein ganzer Vorrath, als
ich Mursuk verließ, bestand nur aus fünf Flaschen, die
ich für Krankheitsfälle aufgehoben). Wenn Julie, wie
ich hoffe, wirklich sich im September verheirathet, wird
es in Berlin hoch hergegangen sein am 24sten November!
Der Vater sollte doch nicht vergessen, sie mit der Tochter
des Director Zeune (den ich tausend Mal zu grüßen
bitte) bekannt zu machen, der Frau von Platen, die
höchst liebenswürdig ist, so wie mit der Frau Pro=
fessor Beckmann. Unserer Lili geht es hoffentlich gut,
sie und der liebe Schwager verdienen es ja nicht an=
ders! Neugierig wäre ich zu wissen, was Wilhelm
macht; er war, wenn ich nicht irre, im Januar nach
Breslau gegangen. Wenn er einmal dort auf die Stern=
warte gehen will, so mag er dem Director derselben,
Dr. Galle, meine besten Grüße bringen, er ist ein alter
Freund von mir, von Berlin her, mit dem ich über
achtzehn Monate zusammen gearbeitet und gewacht habe.
Hermann lernt hoffentlich fleißig; wenn er Mittags das
Essen nicht gut genug findet, erinnere ihn nur an

seinen Bruder Eduard und an die Dinge, die der essen
muß! Wenn die Leute den guten Jungen auch unliebens=
würdig finden, so laß Dir keine grauen Haare deshalb
wachsen! Ich war (so wurde mir gesagt) in seinem Alter
auch keineswegs allzu angenehm, und nun haben mich
doch Zeit und Menschen leidlich abgeschliffen! Ich wurde
soeben im Schreiben durch ein Dutzend des schönen Ge=
schlechts unterbrochen, die, eine augenblickliche Abwesenheit
meines Bedienten benutzend, sich in mein Zelt gedrängt,
wo ich alle Noth hatte, sie mir vom Leibe zu halten.
Ich beschenkte jede, galant wie ich immer bin, mit vier
Nähnadeln, über welche sie höchlichst entzückt waren.
Die Damen hier tragen im linken Nasenflügel einen
großen Knopf von rother Koralle, und ihre Kleidung
besteht aus einem Stück Kattun von etwa einer Elle
Breite und drei Ellen Länge, welches sie um den Leib
wickeln. Uebrigens sind sie mit einem glänzend schwarzen
Felle angethan, welches sie durch übermäßiges Einölen
zu verschönern suchen. Ihr Haar ist in unzählige kleine
Zöpfchen geflochten, die gleichfalls von Fett triefen.

Höchst unangenehm und drückend fühle ich hier den
gänzlichen Mangel an Geld; Alles wird mit Stückchen
Calicot bezahlt, und das giebt natürlich ein ewiges An=
messen und Abschneiden, was höchst lästig ist.

Der Ort hier liegt an einem großen, steilen Felsen,
der fast wie der Königstein aussieht, und der in jeder
Richtung durchwühlt ist. Dieser Felsen bildet den Zu=
fluchtsort der Eingeborenen, wenn sie von den Tuariks,
einem räuberischen Araberstamme, westlich von hier woh=

nenb, angegriffen werden. Ein solcher Angriff erfolgt alle zwei Jahre etwa, und wird dabei Alles mit= genommen, was nur irgend transportabel ist. Die Männer werden niedergemacht und Weiber und Kinder in die Sklaverei geführt. Dieselben Herren wollten auch unserer Karawane einen Besuch abstatten, und für drei Nächte schlief ich nicht anders, als mit dem Revolver zur rechten und einer Doppelflinte zur linken Hand; sie fanden uns aber stets zu sehr auf der Hut und zu stark, und so sind wir bis jetzt ungestört und unbelästigt ge= blieben. Doch ich muß schließen, da eben eine Anzahl der Vornehmen des Ortes angemeldet werden, die gern meinen Kaffee kosten wollen. Nach Dir keine Sorge, wenn Du nun für lange Zeit nichts von mir hörst, nach Bornu geht noch keine Post und auch kein elektri= scher Telegraph, aber schreibe auf alle Fälle von Zeit zu Zeit unter der Adresse des englischen Consul in Tri= poli (Barbary), Colonel Herman; es ist doch bisweilen Gelegenheit, mir einige Zeilen zukommen zu lassen. Tröste Dich mit dem Gedanken, daß Gott keinen guten Deut= schen verläßt, und darum: „Keep a stiff upper lip“, wie der Engländer sagt, und behalte lieb

Deinen

dankbaren und gehorsamen Sohn

Eduard.

Nachschrift.

Tausend Grüße an den lieben Vater; sage ihm, daß ich gefunden, daß die große Wüste ein Plateau sei von ziemlich gleichförmiger Erhebung (zwischen 1500 und

1200 Fuß) mit einem Randgebirge von 2700 Fuß (bei
Sokun, die schwarzen Berge) und einem andern Kamme
zwischen dem 22sten Grade nördlicher Breite, der sich
bis zu 2400 Fuß erhebt, von Kalkstein und schwarz
gefärbtem Sandstein (nirgends Basalt); überall, wo die
Felsen fehlen, Salz in Menge. Es ist ein Irrthum,
wenn gesagt wird, daß die Dattelpalme bei Tedgerehi
aufhöre; sie ist hier, fünf Grad südlicher, im Ueberfluß.
— Tausend Grüße an Lili und Polko, Julie, an die
Großmutter und alle Geschwister und Verwandte. Beste
Grüße an d'Arrest, Prof. Handel, Drobisch, an Flinschen's, und wer sonst noch an mich denkt, nicht zu vergessen Clara und Anna Bischoff.

Das Wetter ist hier recht unausstehlich, fortwährender Nordostwind und Staub, der die Sonne verdunkelt.
Am Morgen eine Temperatur von 8° und am Mittag
von 30°.

Sechsundzwanzigster Brief.

Kuka, Februar 20, 1854.

Liebste Mutter!

Es wurde mir soeben angezeigt, daß ein Courier,
den der Sultan nach Murfug sendet, statt am 27sten
(wie vorher bestimmt war) schon morgen abgehen werde,
und so kann ich Dich wieder durch wenig Zeilen meines
vollkommenen Wohlbefindens versichern.

Ich bin nach einer etwas langen und beschwerlichen

Winterreise am 13ten Januar glücklich hier angekom=
men, wo ich recht leidlich einquartiert bin und vom
Sultan viele Freundlichkeit erfahre.

Meine Begleiter leiden alle vom Fieber, ich habe
aber, Gott sei Dank, nur einen einzigen Anfall davon
gehabt, der nicht länger als sechs Stunden währte.
Als ich Dir die letzten Zeilen, die hoffentlich Anfangs
dieses Monats in Deine Hände gelangt sind, schrieb,
war ich recht herzlich unwohl, indem ich im höchsten
Grade an der Gelbsucht litt, ein Uebel, welches in Fezzan
sehr häufig und beschwerlich ist. Dank meiner guten
Natur und einiger Kenntniß, die ich mir von der Medi=
zin erworben, wurde ich dies fatale Unwohlsein in etwa
zehn Tagen wieder los! Ich mache jetzt häufige Aus=
flüge von fünf bis vierzehn Tagen weit, um Pflanzen
zu sammeln, bis ich alle meine Beobachtungen reducirt
und die Papiere geordnet haben werde, worauf ich dann
weiter nach Süden oder Osten vorzudringen gedenke.
Von dem Gefährten, den ich hier treffen wollte, Dr. Barth,
habe ich leider nichts weiter hören können, als daß er
Sokuta und Timbuktu verlassen und nicht wieder hier=
her zurückkehren werde. Ihm einen Boten nachzusenden
ist leider unmöglich, und so bin ich denn ganz allein
auf mich und die Hülfe angewiesen, die mir meine bei=
den Sappeurs gewähren können. Die Gegend hier ist
über alle Begriffe schrecklich und trostlos. Wer hier auf
tropische Fülle hofft, wird sich entsetzlich getäuscht finden.
Trotz meines eifrigsten Suchens ist es mir in fast fünf
Wochen nicht möglich gewesen, mehr als 75 verschie=

bene Pflanzenarten zu sammeln. Die Waldbäume be=
stehen meist aus Akazien (nur zweierlei Arten) und
Tamarinden. Palmen finden sich nur etwa fünfzig
Meilen nördlich von hier am Flusse Jau. Kein ein=
ziger Baum oder Strauch ist ohne Dornen. Viel=
leicht bietet das Land nach der Regenzeit einen erfreu=
licheren Anblick dar, denn jetzt sind alle Gräser und
zarteren Pflanzen verbrannt von der Sonnenhitze. Das
Thermometer steht nämlich hier im Anfang Februar schon
häufig über 100° F. Höchst fühlbar ist der Mangel
an allem und jedem Obste und Gemüse. Von letzterem
giebt es nur Tomatums und Zwiebeln, von ersterem,
außer Wasser= und Brod=Melonen, absolut gar nichts,
was nur einigermaßen eßbar wäre, denn mit den Beeren,
die die Eingeborenen hier genießen, würde man bei uns
das Vieh nicht füttern können. Der Boden ist übrigens
einer großen Kultur fähig, wenn es nur hier Leute gäbe,
die arbeitsam genug wären, ihn zu cultiviren! Indigo,
Baumwolle und Melonen wachsen wild. Reis und
Weizen könnte in jeder beliebigen Menge erbaut wer=
den; ersterer ist vorzüglich, aber so selten, daß ihn nur
der Sultan als Geschenk giebt. Die Leute finden es
viel bequemer, als Ackerbau, einen Raubzug in das
nächste Land zu machen, dort eine gute Anzahl von
Sklaven (meist Kinder von neun bis zwölf Jahren) weg=
zufangen und diese dann an die Tiboo= und Araber=
Kaufleute gegen die wenigen Bedürfnisse zu vertauschen,
die sie außer den Dingen haben, welche ihnen ihr Land
liefert. Es ist dies besonders Calicot, Bournusse, Salz

und etwas Zucker. In dieser Art von Handel wird ein
Sklave (Knabe) von zehn Jahren für etwa fünf Thaler
angerechnet. Ein eben so altes Mädchen gilt sieben
Thaler. — Der See Tsad ist nicht etwa ein schönes,
klares Wasser, sondern ein meilenweiter Sumpf, in
dessen Nähe Musquitos in unbeschreiblichen Massen
Menschen und Pferde beinahe zu Tode peinigen. Ich
kann z. B. nicht schlafen, ohne die Strohhütte, die mir
zur Wohnung dient, bis zum Ersticken mit Rauch er=
füllt zu haben und zu dem Ende Feuer die ganze Nacht
zu unterhalten. Kuka liegt sieben englische Meilen west=
lich vom Wasser und hat deshalb weniger Mücken, aber
Fliegen in unendlichen Schwärmen. Zu ihrer Vertilgung
sind zwei kleine Eidechsenarten angestellt, die, zu Tau=
senden, mit unbeschreiblicher Geschwindigkeit an den
Wänden hin und her laufen und die Insecten mit vielem
Geschick wegschnappen. Die Bäume sind von Chamä=
leons bevölkert. Von Käfern und Schmetterlingen giebt
es hier äußerst wenig; von ersteren habe ich nur zwei
zu Gesicht bekommen, von letzteren nur eine größere
Art und zehn bis zwölf verschiedene Motten. Desto
zahlreicher sind Ameisen und Teremiten, die alles Wollen=
und Leinenzeug zerfressen, wenn es nicht aufs Beste ver=
schlossen und verwahrt ist. Leider waren sie auch in
einen Sack von mir unterwegs gesammelter Pflanzen
gekommen, hatten das Papier ganz vernichtet und meine
Blumen dazu, bis auf dreizehn Arten. Mit Giftschlangen
und Scorpionen ist das Land auch reichlich gesegnet,
eben so mit Kröten von etwa vier bis fünf Zoll Durch=

meſſer. Elephanten und Nilpferde giebt es am See in
unendlicher Menge; von letzteren habe ich zwanzig bis
dreißig zuſammen geſehen. Löwen und Leoparden ſind
ſeltener; erſtere habe ich nicht zu Geſicht bekommen, ſon=
dern nur brüllen hören; von letzteren ſah ich ein ſchönes
Exemplar, konnte aber leider nicht zum Schuſſe kom=
men, da es, als es meiner (in etwa dreißig Schritt
Entfernung) anſichtig ward, ſich eiligſt in ein undurch=
dringliches Akaziendickicht zurückzog. Wilde Schweine
(ähnlich dem ſogenannten Hirſcheber) ſind höchſt gewöhn=
lich und bewohnen Erdhöhlen in den Wäldern; eben
ſo häufig ſind Gazellen und Antilopen (letztere in zwei
oder drei Arten). Wilde Büffel bevölkern die Sümpfe
am See und ſind des Fleiſches und der Haut wegen
eine gute Beute, ſie ſind aber gefährlich zu jagen. Bei
einer meiner Jagdparthien drehte einer, den ich mit
einem Schuſſe verwundet, plötzlich um, warf ſich auf
meine Parthie (die ſchon des Sieges gewiß zu ſein
glaubte), tödtete (wir hetzten ſie natürlich zu Pferde)
zwei Pferde und verwundete einen Mann ſehr ſchwer.
Ein anderer, den wir unterwegs, etwa 50 Meilen von
hier, auftrieben, lief nach der Karawanenſtraße zu, und
als er dort durch die lange Reihe von Kameelen ſeinen
Rückzug abgeſchnitten ſah, ſtürzte er auf eines derſelben,
rannte es um und verwundete es ſo gefährlich an der
Bruſt, daß es den Tag darauf erſtochen werden mußte.
Doch ich vergeſſe ganz, daß ich dieſen Brief an eine Dame
richte, der man doch zunächſt von Mode und Toilette=
angelegenheiten ſchreiben ſollte, und für die dergleichen

Jagdabenteuer nur von mäßigem Interesse sein können. Die hiesigen Damen erfreuen sich alle der glänzendsten Schwärze, wie Du wohl wissen wirst. Ihre Haare flechten sie, mit einem unendlichen Aufwande von Butter, in zahllose kleine Zöpfchen, die in der Mitte des Kopfes in einen Kamm vereinigt werden, der täuschend einem Dragonerhelm gleicht. Bisweilen tragen sie auch kleine Löckchen um den Kopf herum, die die Form und Größe, und (Dank dem Fette) auch die Consistenz jener Spähne haben, die eine Bohrmaschine aus einer Eisenplatte hervorbringt. Die Vorderzähne färben sie roth, die Eckzähne schwarz, so daß man lebhaft an ein Schachbrett erinnert wird, wenn sie den Mund aufthun. Sie schminken sich auch, und zwar Arme und Gesicht mit Indigo, was ihrem Teint einen höchst lächerlichen blauen Ton giebt und jede Zärtlichkeit, sogar einen einfachen verstohlenen Händedruck, für einen Europäer ganz unmöglich machen würde, selbst wenn die „fair-ones" sonst einladend dazu wären. — Mein Empfang hier war glänzend. Der Sultan schickte mir 150 Reiter etwa 50 englische Meilen weit entgegen, und sein eigner Bruder begrüßte mich drei Stunden weit mit einer Armee von 3000 Mann Cavallerie. — Ich habe oben von dem gänzlichen Fehlen aller Vegetabilien gesprochen, und dabei ganz vergessen, vom Fleische zu reden, von dem man allein hier leben muß. Das ist allerdings sehr billig. Für zwei Nähnadeln, welche hier etwa drei Pfennige gelten, kauft man ein ganzes Huhn, für einen Speciesthaler zwei Schafe, für zwei Thaler einen großen

Ochsen. Wir leben meist von Hühnern, und haben nur zwei Mal die Woche Schöpsenfleisch, da ich von jedem Schafe zwei Dritttheile verschenken muß, indem sich das Fleisch nicht länger als 1½ Tag hält. Letzten Sonntag hatten wir einen ungeheuren Plumpudding, zu dem wir die Rosinen aus Tripoli mitgebracht. Wir wollten denselben eigentlich schon zu Weihnachten verzehren, wir waren da aber gerade in einer entsetzlichen Wüste, die wir, Wassermangels wegen, in Parforce-Märschen durchkreuzen mußten. In der Sylvesternacht schlief ich nur wenig, mit der geladenen Flinte an meiner Seite, Pistolen unter dem Kissen, und Wachen rund um das Lager; wir fürchteten nämlich jeden Augenblick von Tuariks überfallen zu werden, die unsere Karawane verfolgten. Dieselben machten jedoch (zu ihrem eigenen Glücke!) keinen Angriff, da sie sich zu schwach glaubten. Sie hätten furchtbare Schläge bekommen, wenn sie nur nahe genug gekommen wären. Doch ich muß schließen, da ich noch drei Briefe zu schreiben habe und es bereits 11 Uhr Nachts ist. Papa wird in einigen Tagen entweder von Ritter aus Berlin, oder von Petermann aus London einen Brief, den ich an Letzteren geschrieben, voll von geographischen Neuigkeiten, zugeschickt erhalten. In etwa drei Monaten, mit der großen Karawane, erhaltet Ihr Alle lange Briefe. Tausend Grüße an Papa, Großmutter, Lili, den lieben Polko, Julie, Hermann u. s. w. und an Alle und Jeden, der meiner freundlich gedenkt, besonders Freund d'Arrest, Flinschen's, Clara und Anna Bischoff und Onkel Pilgrim.

Ich hätte gern wieder einmal Nachricht von Euch; ich habe, seit ich von London fort bin, nur einen Brief erhalten, den Julie im Mai geschrieben. Schickt die Briefe nur getrost durch Col. Herman in Tripoli an H. B. M. Vice=Consul G. B. Gagliuffi in Mursug; von da aus ist öfter Gelegenheit, Kleinigkeiten hierher zu schicken, als Ihr denkt.

Gott befohlen, liebste Mutter!

In treuer Liebe   Dein

gehorsamer Sohn
Eduard.

Siebenundzwanzigster Brief.

Kuka, den 14. Juli 1854.

Liebster Vater!

Ihr dachtet in Leipzig sicher nicht, als Ihr an meinem Geburtstage auf mein Wohl trankt (was Ihr hoffentlich gethan habt), daß Ihr sehr gegründete Ursache hättet, mir Gesundheit zu wünschen. Kaum hatte ich nämlich am 20sten Februar meinen Brief an die liebe Mutter vollendet, als ich, noch mit Schreiben von Depeschen beschäftigt, urplötzlich vom gelben Fieber (einer Krankheit, die periodisch hier gar nicht selten ist, und an der der arme Overweg starb) befallen wurde. Ueber eine Woche lag ich in fortwährendem Delirium, und dabei hatte keiner meiner Begleiter medizinische Kenntnisse genug, um mir irgend eine passende Arznei geben

zu können. Als ich wieder zum Bewußtsein kam und
an den gelben Flecken an meinen Armen sah, was mein
Uebel war, curirte ich mich, so gut ich es konnte, selber,
und mit Hülfe von Kalomel und Chinin war ich denn
bis zum 7ten März so weit gekommen, daß ich wieder
aufrecht sitzen und etwas Suppe essen konnte, — lange
Zeit war ausschließlich Reiswasser das Einzige gewesen,
was mein Magen vertrug. Ende März war ich so ziem=
lich wieder hergestellt, so daß ich den Sultan auf einem
Kriegszuge nach Musgu begleiten konnte, von dem ich
erst Mitte Juni zurückgekommen bin.

Meine Constitution hat aber einen starken Stoß er=
halten, und eine tüchtige Mahlzeit von Fleisch hat z. B.
unfehlbar heftiges Erbrechen und Fieber mit furchtbarer
Hitze zur Folge. Uebrigens habe ich gefunden, daß
kaltes Wasser bei allen Fieberanfällen die beste Cur ist,
ich wickle mich dabei ganz in nasse Tücher ein, lasse sie
anfeuchten, sowie sie warm werden, und bin bei diesem
Verfahren gewöhnlich in zwei Stunden fieberfrei. — Der
Feldzug, den ich mitgemacht, war recht interessant, da
wir weiter südlich gingen (bis 9° 30'), als irgend ein
Europäer in dieser Richtung vor mir gegangen, und ich
dabei einen prachtvollen großen Landsee (von wenigstens
200 englischen Meilen Länge) und eine längs desselben
von Norden nach Süden sich erstreckende Granitberg=
kette entdeckte, und auch Gelegenheit hatte, den untern
Lauf des Schuri zu erforschen und mich zu überzeugen,
daß auch dieser Fluß mit dem Nigersystem in durchaus
keinem Zusammenhange steht; womit denn die Hypo=

these, welche die Lieblingsidee so vieler Geographen gewesen, daß nämlich die Gewässer des Tsad einen Zusam-
menhang mit dem Atlantischen Ocean haben sollten, zu-
sammenfallen würde, wenn sie nicht schon durch die von
mir gezeigte geringe Erhebung des Sees Tsad (840′)
hinreichend widerlegt gewesen wäre. Das ganze Land
südlich von hier, so weit ich es besucht habe, ist, einzelne Granitkuppen und die Kette der Felatahberge ausgenommen (die sich 400—700′ über die Ebene erheben),
eine einzige Tiefebene mit Thonboden, die selbst in 9° 30′
nördlicher Breite nicht über 950′ hoch aufsteigt. Ueber-
all zeigt eine Art von Kalkstein, aus halbverwesten Süß-
wasserconstabilien bestehend, die zwischen 6 und 20′
unter der Erdoberfläche liegt, daß das ganze Bassin
früher ein Seebett gewesen. — Die Armee bestand aus
22,000 Reitern und einem Troß von 10,000 Mann,
5000 Kameelen und eben so viel Ochsen. Unser Lager
war, wie Du Dir wohl denken kannst, eine förmliche
Stadt, besonders da die Zelte des Sultans und der
Großen des Landes förmliche Dörfer waren, der Weiber
wegen, von denen jedes ein besonderes Zelt haben mußte,
und die in großer Anzahl den Zug begleiteten. Der
Sultan hatte zwölf mit, und etwa dreißig Sklavinnen,
und jeder Vornehme wenigstens sechs bis acht. Ge-
fochten ward nicht viel, da die Musgu kein gemein-
schaftliches Oberhaupt haben und sich demnach nirgends
in entsprechender Anzahl der ungeheuren Uebermacht
des Scheichs entgegenstellten; sie lauerten aber in allen
Büschen den Nachzüglern, Marodeurs u. s. w. auf, von

denen sie auch etwa 500—600 erschlugen. Von den Gefangenen wurden die Männer unverzüglich hingerichtet und leider oft mit vieler unnöthiger Grausamkeit; so mußte ich z. B. einmal ansehen, wie man 36 derselben mit Messern die Beine am Knie und die Arme am Ellbogen abschnitt und sie dann verbluten ließ. Dreien hackte man die rechte Hand ab, damit sie ihren Landsleuten das Schicksal ihrer Leidensgenossen mittheilen konnten; von diesen starben zwei nach zwölfstündiger Qual, der dritte lebte aber noch am andern Tage. Die Weiber und Kinder wurden als Sklaven fortgeführt, und wer auf dem Marsche nicht mehr weiter konnte, ohne Erbarmen niedergemacht. In der niedrigen Breite, in der wir herumzogen, hatte die Regenzeit mit Anfang Mai bereits begonnen, und so kam denn jeden Abend ein Gewitter, wie ich es in meinem Leben nicht gesehen, eingeleitet durch einen Wirbelwind, der alle Zelte niederblies und auf den unmittelbar eine wahre Sündfluth von Regen folgte. So ging es etwa drei Wochen lang, während welcher Zeit ich keinen trocknen Faden am Leibe hatte. Das Lager glich gewöhnlich am andern Morgen einem unendlichen Morast, in dem man zu Fuße durchaus nicht fortkommen konnte. Ich litt in Folge dieses Wetters und der schlechten Nahrung (fast nur in Wasser gekochtes Getreide) sehr, unter den unglücklichen Sklaven aber brachen Ruhr und Blattern in so fürchterlicher Weise aus, daß ich es für gerathen hielt, sowie wir aus Feindes Land hinaus waren, der Armee voraus nach Kuka zu eilen. Zehn Tage nach mir traf der Scheich

ein, von 4000 Gefangenen nicht ganz 500 mit sich
bringend, über 3500 waren der Seuche und den Strapazen zum Opfer gefallen. Fast alle Kinder waren unter
zwölf Jahren, und konnte man einen sieben- oder acht-
jährigen Knaben im Lager für 20 Silbergroschen kaufen.
— Das Land nördlich von hier ist dicht bewaldet, meist
mit kolossalen Feigenbäumen von 24—30 Fuß Umfang,
und mit der prachtvollen Palme, die man in Sennâr
„Delebpalme" nennt, deren Früchte das einzige leibliche
Obst sind, was ich bisher in Afrika angetroffen. Die
Adansonia digitata (Boabab), von der Kuka be-
kanntlich seinen Namen haben soll (Kuka ist der Kanûri-
Name dieses Baumes), kommt hier nirgends vor, und
scheint derselbe nicht weiter westlich als 12° 30' East.
Grenv. zu gehen. Zum Sammeln von Pflanzen und
Insecten war die Zeit bisher sehr ungünstig; ich fand
schon Alles verbrannt, als ich hier ankam, und der
Regen fängt hier erst Ende dieses Monats an. Keinen
einzigen Käfer habe ich bis jetzt hier gesehen, und nur
einen Schmetterling. Ich habe einige gute Pflanzen an
Robert Brown geschickt (etwa 100 Species). Ende dieses
Jahres hoffe ich eine größere Sammlung absenden zu
können, aus der auch meine Freunde in Deutschland
mitgetheilt erhalten sollen. Meine Krankheit im Februar
und März verhinderte mich, Samen einzusammeln, ich
denke dies ebenfalls in den letzten Monaten dieses Jahres
nachzuholen. Morgen gehe ich von hier nach den wenig
bekannten Landschaften von Mandra, Adamannwa, dem
gänzlich unbekannten Jacoba und dem Flusse Tsadda,

bei welcher Gelegenheit ich mit der Nigerexpedition zu=
sammenzutreffen gedenke. Ende dieses Jahres hoffe ich
mein Hauptquartier nach Wadai zu verlegen, von wo
aus ich südöstlich zu gehen gedenke; sollten sich mir da=
bei unübersteigliche Hindernisse in den Weg stellen, so
werde ich wahrscheinlich mit Gottes Hülfe Ende nächsten
Jahres durch Darfur, Kordofan, Nubien nach Egypten
gehen. Ich wäre dann der erste Europäer, der den
afrikanischen Continent in dieser Richtung durchstreift
hätte. Leider habe ich, wie ich glaube, gegründete Nach=
richt vom Tode des Dr. Barth, der auf der Rückreise
von Timbuktu nahe bei Sokatu gestorben sein soll.
Deine beiden lieben Briefe, so wie die der guten Mutter
und Julie habe ich im März (am 10ten), den Lili's
vom October im Juni erhalten, zu meiner unbeschreib=
lichen Freude, da ich seit Mai 1854 ohne alle Nach=
richt von Leipzig war. Tausend Grüße der lieben Mutter
und den Geschwistern, nicht zu vergessen alle meine
Freunde, vornehmlich den guten Dr. d'Arrest, dessen
interessanter Brief mich sehr beglückt hat. Schreibt ja
gelegentlich, denn selbst mit Wadai steht der Vice=Consul
in Mursuf, Gagliuffi, in Verbindung. In drei Monaten
hoffe ich wieder in Kuka zu sein, und dann auch wieder
Briefe anzutreffen. Die letzten, die im März 1854 von
Mursuf aus an mich geschickt wurden, sind leider ver=
loren gegangen, da der Bote von den Tuarifs geplün=
dert worden ist. Colonel Herman sorgt nach wie vor
aufs Beste für mich; ich habe mich sehr gefreut, daß
Du ihm geschrieben hast.

Und nun noch ein herzliches Lebewohl von
Deinem

gehorsamen Sohne
Eduard.

Achtundzwanzigster Brief.

Liebste Lili!

Deinen so inhaltreichen Brief vom October vorigen
Jahres empfing ich hier in Kuka am 10ten Juni, als
ich soeben von einem Feldzuge in das nördlich von
hier gelegene Musgu heimgekehrt war, auf welchem ich
den Sultan von Bornu begleitet hatte. Die Briefe von
Vater und Mutter waren bereits am 10ten März in
meine Hände gelangt. Mit welcher Freude ich hier jedes
Blatt von der fernen Heimath begrüße, kann ich Dir
nicht sagen, — schreibe ja hin und wieder, es ist so
oft Gelegenheit, mir Briefe von Mursug aus nachzusenden, selbst wenn ich Kuka für immer verlassen haben
sollte, was ich Ende dieses Jahres zu thun gedenke.

Morgen breche ich, nur von vier Leuten begleitet,
von hier nach dem Südwesten auf, um mich wo möglich mit der Expedition, die Anfangs dieses Monats
den Niger hinaufgegangen, in Verbindung zu setzen.
Vielleicht gehe ich bis zum Meere, wahrscheinlich aber
kehre ich nicht unter drei Monaten hierher zurück. Kuka
ist ein trauriger Aufenthalt; schmutzig bis zum Exceß,

die Luft fortwährend mit seinem Thonstaube erfüllt, so
daß man Nachts die Sterne kaum sehen kann, das
Wasser voll von Würmern und Insecten aller Art, die
Hitze fast unerträglich, und die Umgegend eine weite
baumlose, unabsehbare Ebene, der nur eine sehr häß=
liche und ungraziöse Giftpflanze einiges Grün verleiht.
Der See Tsad ist eher ein Morast oder Sumpf zu
nennen, indessen bin ich gern an seinen Ufern, um
Gazellen und wilde Enten zu schießen, von denen die
letzteren so häufig sind, daß ich schon vier mit einem
Schuß erlegt habe.

Ich kann mich keine Woche in Kuka aufhalten, ohne
daß meine Gesundheit leidet, weshalb ich mich, wenn
ich gerade keine größere Reise machen kann, weit auf
den umliegenden Ortschaften herumtreibe. Ende Februar
ward ich sehr bedenklich krank, das gelbe Fieber (an
dem der arme Overweg starb) brachte mich dem Tode
nahe, und erst Ende März hatte ich mich so weit wieder
erholt, daß ich Kuka verlassen und dem Scheich auf der
erwähnten Expedition folgen konnte. Ueber meine Er=
lebnisse auf derselben habe ich ausführlich an den lieben
Vater geschrieben, und verweise ich Dich auf diese De=
pesche. Wegen meiner Augen brauchst Du Dich nicht
zu ängstigen, die sind besser als je, trotzdem daß ich
weder Sonnenschirme noch gefärbte Gläser u. s. w. ge=
tragen habe; mit einem einfachen Turban schütze ich
den Kopf und sie vor den Strahlen der Sonne. Ich
wollte, Du könntest mich in diesem Costüme sehen, nach
Tuarikart das ganze Gesicht zugebunden, so daß ich

gerade nur zwischen den Falten herausgucken kann! Mein Haar trage ich ganz kurz abgeschnitten (da es sehr ausging), an diesem ist kein besonderer Farbenwechsel sichtbar; aber was sagst Du dazu, daß während meiner schweren Krankheit meine Augenbrauen weiß geworden waren? Meine einseitigen Kopfschmerzen haben mich sonderbarer Weise fast ganz verlassen, dagegen plagt mich bisweilen ein anderes Uebel, der Augenbrauen= krampf (brow-agne), der sehr lästig ist. Im All= gemeinen ertrage ich aber das notorisch sehr gefürchtete Klima sehr gut, was ich Dir und allen Lieben zum Troste versichern kann. Sicher wird es Walter inter= essiren, zu hören, daß „Onkel Eduard" alle 36 Kameele, die er besessen, verkauft hat, und daß, wenn er jetzt reist, Ochsen sein Gepäck tragen.

Besonders viele Schlangen, die meinen Neffen ja so sehr interessiren, giebt es auch hier nicht, dagegen Schaaren von großen stahlblauen Eidechsen, die an allen Wänden, an der Decke der Hütte, kurz und gut überall herumlaufen und Fliegen fangen, mit denen wir hier reichlich gesegnet sind. Während ich diese Zeilen schreibe, sind mir schon vier von der Decke her= unter auf den Kopf gefallen. Bis vor Kurzem hatte ich einen zahmen Strauß auf dem Hofe herumlaufen, der sich mit den Hühnern recht gut vertrug. Dagegen verfolgte er jeden Menschen, der irgend etwas Glän= zendes an sich trug, und wenn ein Araber mit seiner goldbesetzten Jacke zu mir kam, lief er ihm oft bis in meine Stube (oder vielmehr Hütte) nach, um seine

Knöpfe abzufressen. Das Thier fraß faustgroße Erd=
klöße und einmal ein Stück Calicot, drei Ellen lang und
eine halbe Elle breit! Leider brach es ein Bein, zur
Freude meiner Diener, die ihm geschwind den Hals ab=
schnitten und eine Mahlzeit von ihm machten; ich kostete
auch davon, muß aber gestehen, daß ich einen gut ge=
kochten Stiefel vorziehe. Jetzt besteht meine Mena=
gerie aus einer Zibethkatze, einem Schakal, einem Affen
und einem Musgu=Widder, mit fußlangem, seidenweichem
Haar. Papageien sind hier selten, ich hatte einen kleinen
grauen, der aber durchaus nichts fressen wollte, wes=
halb ich ihn wieder fliegen ließ. Ich habe noch immer
mein schönes braunes Pferd, mit dem ich den unglück=
lichen Fall in Tripoli hatte, es ist zahmer als je, und er=
kennt mich an meinem Fußtritt; außer ihm besitze ich noch
drei andere Bornupferde, aber alle wild und ungelehrig.

Daß Otto als Briefschreiber sich mit der Zeit nicht
bessert und Euch regelmäßiger Nachricht von sich giebt,
ist wirklich unverzeihlich; ich bin auch ein schlechter Cor=
respondent, aber ich habe es doch so schlimm nie ge=
macht. Wenn ich übrigens, wie unser Otto es zu sein
scheint, „in love" wäre, so befände ich mich augen=
blicklich in dem schäferhaften Falle, meiner Schönen
„eine Strohhütte und mein Herz" anbieten zu können;
meine Behausung gleicht nämlich einem Bienenkorbe.
Daß Du in Mohrenhaus gewesen bist und Onkel Pilgrim
und Anna wohl angetroffen hast, hat mich sehr erfreut,
bitte, sobald Du schreibst, grüße Beide tausend Mal
von mir, ebenso Carl Hübler, der sicher noch häufig

herauskommt, um die einsamen Bewohner zu unter=
halten. Daß Fr. Clara Krummacher sich meiner noch
erinnert, freut mich sehr, bitte, grüße sie bestens von
mir, ebenso Fr. Clara Bischoff, die mich hoffentlich auch
nicht vergessen hat. Benneckes aus London, von denen
Du mir schreibst, habe ich öfters in Gesellschaft getroffen,
ich war aber, wenn ich nicht irre, niemals in ihrem
Hause. Ich hätte gar gern gehabt, daß Du meinen
lieben Freund Havenith kennen gelernt hättest, in dessen
Hause ich so manchen angenehmen Abend zugebracht.
Und nun noch tausend, tausend Grüße dem lieben
Polko und die Versicherung, daß ich hier Alles zu thun
versuche, um mich des Interesses, das er stets an mir
genommen, würdig zu zeigen. Küsse Deinen Jungen
herzlich von mir und sage ihm, daß ich ihm ein Kameel
und ein „Miesnick" von „a Negerche" mitbringen
werde; von Letzteren kostet das Stück nämlich etwa
20 Silbergroschen auf dem hiesigen Sklavenmarkte. Em=
pfiehl mich bestens dem Herrn Regierungsrath Vitter,
Krüger und Allen, die sonst in Minden sich noch meiner
erinnern, und behalte lieb

Deinen

treuen Bruder
Eduard.

Randschrift.

Wegen einer schwarzen Schwägerin brauchst Du Dich
nicht zu ängstigen, der Sultan verheirathete seine jüngste
Tochter eine Woche nach meiner Ankunft in Kuka, und
von den übrigen Damen meiner Bekanntschaft hat höch=

stens mein Milchmädchen, das sich des harmonischen
Namens „Krefke" erfreut, einigen Eindruck auf mich
gemacht. Der Indigo, mit dem sie Gesicht und Hände
strohhalmsdick belegt (als Schminke), hält mich aber
in gehöriger Entfernung.

Neunundzwanzigster Brief.

(Letzter Brief an den Vater.)

Kuka, 5. December 1855.

Mein lieber Vater!

Du wirst wahrscheinlich in Sorge um mich sein, da
Du von Dr. Barth gehört haben wirst, daß ich nach
dem noch ganz unbekannten südlichen Suban gegangen
sei, und da freue ich mich denn, Dir zu Deiner Beruhigung mittheilen zu können, daß ich nach einer Abwesenheit von 10 Monaten 12 Tagen am ersten dieses
glücklich hier eingetroffen bin und längst erwartete und
ersehnte Briefe und Mittel zu neuen Unternehmungen
angetroffen habe. Ich war ohne alle Nachricht von
Tripoli und von Europa seit Anfang Januar 1854
durch die Schuld des Vice-Consuls in Mursug, der drei
kleine Karawanen abgehen ließ, ohne mir eine einzige
Zeile zu senden, trotz aller Befehle vom Col. Herman,
der sich meiner und der Expedition nach allen Kräften
und mit ganzem Herzen annimmt. Es freut mich sehr,
daß Du noch mit ihm in Verbindung stehst; er ist ein

echter old english gentleman und ich bin ihm unend=
lich viel Dank schuldig. Daß Chevalier Bunsen London
verlassen, ist ein harter Schlag für mich und ein un=
ersetzlicher Verlust für alle Deutschen in London. Er
war mir stets ein äußerst gütiger Gönner und ein eifriger
Beförderer unseres Unternehmens, dem er durch die ge=
nauen persönlichen Beziehungen, in denen er zu Lord
John Russel, dem Earl of Clarendon und Prinz Albert
stand, überaus nützlich war. Ueberhaupt hat das
deutsche Interesse in England einen harten Stoß durch
Bunsen's Entlassung erhalten; er war der populärste
Mann unter allen Gesandten, — sein Nachfolger wird
einen schweren Stand haben. — Der gegenwärtige Krieg
mit Rußland hat mir auch ein paar Freunde geraubt.
Der „Tiger", der bei Odessa verunglückte, war das
Schiff, das mich nach Afrika brachte, und Capitän und
Officiere desselben werden mir stets unvergeßlich bleiben,
der ungemeinen Freundlichkeit wegen, die sie mir be=
zeigt. Wir verlebten in Tunis zwei ungemein vergnügte
Tage, und wenig ließ ich mir träumen, daß der arme
Giffard und seine Söhne ein so trauriges Ende nehmen
würden. Baron Lindenau's Tod habe ich aus den mir
von Col. Herman übersandten Zeitungen erfahren; unbe=
greiflich bleibt mir, warum er seine Manuscripte, die doch
sicher nur rein wissenschaftlichen Inhalts, hat verbrennen
lassen. Barth ist nun schon längst mit Ruhm gekrönt
nach Europa zurückgekehrt; ich war so vollkommen ohne
alle Nachricht von ihm, daß ich ganz zufällig, auf einer
Geschäftsreise nach Sinder, auf ihn stieß. Nur zwanzig

Tage lang genoß ich hier seinen belehrenden Umgang, da ich schon am 19ten Januar nach Bantschi abreiste. Ich habe, wie Du leicht denken kannst, bis jetzt weder Zeit gehabt, meine Papiere zu ordnen, noch meine Beobachtungen zu arrangiren, und kann Dir nur einen kurzen Abriß meiner Reise geben, da der Courier des Scheich heute Abend oder morgen abgehen wird. Nachdem ich zuerst auf einem noch nie besuchten Wege, auf dem ich Gelegenheit hatte, das etwas verwickelte Flußsystem des Benoe und Yean zu erforschen und darzuthun, daß auch hier durchaus keine Verbindung zwischen beiden Flüssen stattfindet, Jakoba (die Hauptstadt von Bantschi) erreicht, ging ich nach dem Lager des Sultan ab, der Krieg gegen einen heidnischen Stamm führte und bereits sieben Jahre lang, etwa 65 m. N.N.W. von der Hauptstadt, im Felde lag. Auf einer Recognoscirung, die wir nach der, auf einem hohen Felsen gelegenen Stadt der Feinde machten, fielen wir in einen Hinterhalt und wurden mit einem Hagel vergifteter Pfeile begrüßt. Meine Felatah=Begleiter ergriffen eiligst die Flucht und ließen mich zurück, um ihren Rückzug zu decken, was mir auch mittelst einer Büchsenkugel, die einen der Verfolger todt niederstreckte und die andern in eine wilde Flucht jagte, glücklich gelang. Am Abend schickte mir der Sultan dafür einen fetten Hammel zu. Du mußt nämlich wissen, daß ich jetzt die Flinte recht gut handhaben kann und in Ermangelung von Schrot Perlhühner, Enten u. s. w. gar wohl mit der Kugel zu schießen verstehe. Im Heereslager des Sultans, an

einem überaus ungünstigen Platze, fiel ich beinahe als ein
Opfer des mörderischen Klima, — eine heftige Unter=
leibsentzündung, und nach derselben vierzig Tage lang
Dysenterie, brachten mich an den Rand des Grabes.
Sonderbarer Weise war ich wiederum gerade an meinem
Geburtstage mehr todt als lebendig. Als ich Ende
März den Sultan verließ, um zu versuchen, ob ich
meine Gesundheit vielleicht an den Ufern des Benoe
verbessern könnte, mußte ich mich auf das Pferd binden
lassen. In Jakoba angekommen, fand ich meinen Be=
gleiter, den ich dort zurückgelassen, um die nöthigen
Vorbereitungen zu einer weiteren Reise zu treffen, eben=
falls so krank, daß ein unverzüglicher Ortswechsel nöthig
ward. So brachen wir denn nach Adamawa auf, und
am 30sten April überschritt ich den Benoe gerade an
der Stelle, wo die Steamer=Expedition umgekehrt war.
Meine und meiner Gefährten Gesundheit verbesserte sich
unverzüglich, sowie wir das im ganzen Sudan ver=
rufene Jakoba hinter uns hatten. Von allen Seiten
von Granitfelsen, von den sonderbarsten Formen, und
dicht von heidnischen Stämmen bewohnt, umgeben, bietet
die Gegend um die Hauptstadt Bautschi einen Anblick
dar, der den Reisenden wirklich daran erinnert, daß er
sich im Innern des räthselhaftesten und wunderbarsten
aller Erdtheile befindet. Es wird Dir wohl bekannt
sein, daß südlich von Jakoba Cannibalenstämme, die
Demyem und Tangale, wohnen. Beide habe ich besucht
und bin recht wohl aufgenommen worden. Die Tangale,
der Schrecken der umliegenden Gegend, sind wirklich wilde

Bursche, die Menschenfleisch allem andern vorziehen. Ent=
weder war ich ihnen aber zu mager, oder meine Flinte
flößte ihnen einen heilsamen Schrecken ein, kurz, sie hielten
sich in ehrfurchtsvoller Entfernung, und nur einige der
Kühnsten kamen nahe genug, um die Perlen u. s. w.,
die ich ihnen entgegenhielt, in Empfang zu nehmen.
Eine sonderbare Sitte haben alle die südlich von Bantschi
wohnenden Stämme, nämlich ihren Todten am siebenten
Tage nach ihrem Verscheiden den Kopf abzuschneiden und
als Monument auf das Grab, in dem der Körper verscharrt
ist, zu setzen, und zwar den der Männer in Stroh ge=
wickelt und den der Weiber in einem großen Topfe. Ich
habe höchst interessante Notizen gesammelt über die Reli=
gion dieser Heiden, die sich dem Fetischismus der Congo=
Neger nähert. — Höhenrauch ist in den bergigen Districten
Bantschi's sehr häufig, ganz wie in Thüringen, mit dem
nämlichen jodartigen Geruche. Oft verhüllt er vier bis
fünf Tage die ganze Gegend, bis ein heftiges Gewitter
ihn niederschlägt. Von Metallen habe ich Ueberfluß an
Eisen, Blei und Zink gefunden, aber weder Kupfer noch
Silber. Blei ist Monopol des Sultans, der die Minen
sämmtlich verschlossen hält und nur von Zeit zu Zeit
einen kleinen Vorrath herausnehmen läßt; es ist des=
halb ziemlich hoch im Preise. Der einzige Gebrauch,
den man hier zu Lande davon macht, ist, es zu pul=
verisiren und die Augenlider damit zu färben, sehr zur
Beförderung der Ophthalmia. — Mein Versuch, nach
Adamawa vorzudringen, mißlang leider, da die an der
Straße lebenden Kirdi (Basakama) in vollem Aufstande

gegen den Sultan von Yola begriffen waren und ihn
mit großem Verluste zurückgeschlagen hatten. Nach einem
Monate vergeblichen Wartens, faſt jede Nacht durch An=
griffe alarmirt, und nachdem eine mich begleitende Sokatu=
karawane, welche die Straße forciren wollte, einen halben
Tag von meinem Lager (in dem mich ein verwundetes
Pferd zurückgehalten) bis auf zwei Mann gemordet wor=
den war, sah ich mich leider genöthigt, nach Gombe
(vier Tage östlich von Jakoba) zurückzugehen, wo ich,
da ich fast alle Packpferde verloren hatte, mein Gepäck
unter Obhut meines Begleiters zurücklassen mußte. Ich
selbst ging in der schlimmsten Periode der Regenzeit,
ohne Zelt, und mit Geld und Gepäck, was Alles in
Allem etwa 15 Dollars betragen mochte, nach Salia
und Bebetschie, um so Loudon's, Clapperton's und
Barth's Entdeckungen mit denen der Tsadda=Expedition
zu verbinden. Anfang September von dort zurück=
gekehrt, zog ich noch einmal dem Benoe zu, natürlich
auf einem anderen Wege, in rein südlicher Richtung.
Es glückte mir, nach unglaublichen Beschwerden, die
Hauptstadt der Kona, jenseits des Flusses, zu erreichen.
Ebenso gelang es mir, eines höchst sonderbaren Thieres,
des Ajuh, (wie es in Hauſſa genannt wird) an=
ſichtig zu werden, welches zur Zeit des höchsten Wassers
in den Benoe hinaufsteigt; es ist dies eine Wallfiſch=
art, und ich füge für die Leipziger oder Berliner Zoo=
logen eine Beschreibung bei, am Ende des Briefes.
Anfang November kehrte ich nach Bantschi zurück und
erreichte, wie schon gesagt, am ersten December Kuka.

Was meine Rückkehr nach Europa betrifft, so kann ich diese, gewisser Umstände halber, augenblicklich noch nicht antreten, jedoch glaube ich Anfang oder Mitte 1857 an der Westküste zum Vorschein kommen zu können. Aengstige Dich darum nicht, das Klima dort ist nicht schlimmer als das im Innern. Tausend Grüße an Mutter und Geschwister, sowie an alle Freunde, die sich etwa meiner erinnern. Vom Professor Ehrenberg in Berlin erhielt ich zwei sehr freundliche Briefe, die mich hoch erfreut haben. So bald wie möglich werde ich sie beantworten. Bitte, schicke ihm einstweilen beifolgende Probe Sand von den Quellen des Gangola, eines großen Nebenflusses des Benoe, zu. Ich bin wohl, und so stark geworden, daß ich meinen Rock, den ich noch von Tripoli aus besitze, jetzt nicht mehr zuknöpfen kann. Mit der nächsten Karawane mehr.

In etwa zwanzig Tagen werde ich eine Recognoscirung nach Wadai, wo möglich bis Wara, machen.

Mit herzlichen Wünschen für Dein und aller meiner Lieben Wohlergehen

Dein

gehorsamer Sohn
Eduard.

Der Ajuh. Wallfischart, Schwanz horizontal, schaufelförmig, zwei Flossen dicht hinter dem Kopf spitz, Oberlippe gespalten, Maul außerordentlich klein (bei einem Exemplar von 5′ Länge war der Kopf 18″ hoch, Mundöffnung 3″), Nasenlöcher nach vorn gerichtet, dicht über der Oberlippe halbrundförmige Spalten, Augen nach oben gerichtet, dicht hinter den Nasenlöchern stehend (beim erwähnten Exemplare nur 3½″ von der Schnauzenspitze), auffallend klein (3‴ im Durchmesser), schwarz. **Keine Spritzlöcher.** Harter Schlund, angewachsene Zunge, im Ober= und Unterkiefer auf jeder Seite 5 Backzähne (mit 6 Spitzen und 3 Wurzeln jeder), nur wenige Linien über das Fleisch vorragend. Vorderzähne fehlen; statt derselben besitzen die Kiefern harte kurze Borsten. Farbe dunkelgrau, auf dem Bauche weißlichgrau, Rücken mit einzelnen groben rothen Haaren besetzt. Der Ajuh wird bis 10′ lang und lebt auf überschwemmten Marschen am Benoe; sowie das Wasser fällt, verläßt er den Fluß und geht dem Meere zu. Wenn der Ajuh mit dem großen Wasser wieder erscheint, bringt er gewöhnlich 1—2 Junge mit, die dann 3—4″ lang sind. Die Knochen sind hart wie Elfenbein und es werden Ringe aus ihnen verfertigt. Fett und Knochen sind im ganzen Sudan als Arzneimittel berühmt. Die Nahrung des Ajuh besteht nur aus Gras; im Kothe, der dem der Pferde in Farbe und Gestalt gleicht, habe ich nie eine Spur von Fischen gefunden, die er mit seinem Maule auch schwerlich fangen könnte. Der Ajuh ist außerordentlich fett, und Fleisch und Fett sehr wohlschmeckend, dem Schweinefleisch ähnlich. Die Haut wird zur Verfertigung von Peitschen benutzt. Das Thier ist keineswegs häufig, denn es ist stets ein großes Fest, wenn eines gefangen wird.

Dreißigster Brief.

(**London.** Herr August Petermann hat uns zur Veröffentlichung in der „Bonplandia" folgenden Brief (Eduard Vogel's mitgetheilt:)

Herrn **A. Petermann,** physikal. Geographen
der Königin ꝛc.

Tripoli in Barbary, 14. Juni 1853.

Liebster Freund!

In wenig Tagen werde ich meine Reise nach Murzuk endlich antreten können. Mein langer Aufenthalt hier war ganz unvermeidlich, — Sie haben keinen Begriff davon, was Alles dazu gehört, um eine Expedition für eine dreijährige Ueberlandreise auszurüsten, und wie dieses Geschäft erschwert wird durch die Unzuverlässigkeit der Araber und durch die Schwierigkeit, die es macht, auch die kleinste Kleinigkeit hier aufzutreiben. Fast Alles mußte von Malta verschrieben werden. Jetzt ist aber Alles so weit fertig, daß die Karawane bereits in Aïn-zara bivouakirt und in drei Tagen abmarschiren wird. Sie besteht aus dreißig Kameelen; fünfzehn davon habe ich gekauft, fünfzehn gemiethet. Ich gehe zu Pferde, mein erster arabischer Diener auf einem Dromedar. Unter meinem Commando habe ich, außer den beiden Sappeurs, zwei schwarze Bediente, einen Koch, zwölf Kameel-treiber und zwei Burschen für „all work". Ich habe Vorräthe aller Art genug, um drei bis vier Jahre aus-hauen zu können, und in so langer Zeit, hoffe ich, wird es doch möglich sein, bis an den indischen Ocean zu kommen. Die Geschenke, die mir von England aus geschickt worden, sind prächtig und werden mir eine vortreffliche Aufnahme am Hofe von Bornu sichern. Der schwarze Gesandte und sein Diener sind in meinem Gefolge. Der Diener ist ein Sklave, geraubt aus den südlich von Ischadju gelegenen Ländern; ich werde sehen, daß ich ihn in meine Dienste nehmen kann, er könnte mir von großem Nutzen als Dolmetscher u. s. w. sein. Wenn seine Landsleute alle sind wie er, so habe ich von den „Wilden" nichts zu befürchten; er ist ungemein gutmüthig und mir sehr ergeben, — eine Schnur blauer Glasperlen hat das Band unserer Freundschaft vorzüglich geknüpft. Wie ich soeben höre, wird meine Karawane übermorgen unter dem Commando von Friedrich Warington (der den Capitän Smith bestens zu grüßen bittet; er ist mit ihm bei seinen Ausgrabungen in Lebda gewesen) ohne mich abgehen müssen; ich hatte nämlich gestern Abend, von Aïnzara heimkehrend, das Unglück, mit dem Pferde zu stürzen und meinen linken Fuß zu verletzen, so daß ich drei oder vier Tage im Bett werde liegen müssen. Indessen hoffe ich, am Mittwoch von hier abgehen zu können und meine Leute nach etwa drei Parforce-Märschen einzuholen. Jedenfalls wird man in Benoulid, wo Reisevorbereitungen einigen Aufenthalt nöthig machen, auf mich warten. Der Doctor versichert mich soeben, daß mein Unfall die Expedition höchstens einen oder zwei Tage aufhalten werde. Friedrich Warington geht sicher bis nach Murzuk, hoffentlich bis Bilma

mit mir. Er ist, wie weiland Napoleon, mit seiner einen
Person ein ganzes Corps d'armée werth. — Alles, was
ich von wissenschaftlichen Beobachtungen hier gemacht
habe, habe ich durch das Foreign office an Colonel
Sabine abgeschickt, von dem Sie sich meinen Bericht
zeigen lassen können. Ich bin mit der äußersten Gastfreundschaft und Freundlichkeit im englischen Consulate
verpflegt worden. Colonel Herman und Vice-Consul
Read haben Alles gethan, was für die Expedition zu
thun war, und ich habe in ihnen nicht nur für meine
Person, sondern auch für unsere gute Sache warme
Freunde gewonnen. Doch nun Adieu! Entschuldigen
Sie die schlechte Schrift — ich schreibe diese Zeilen im
Bett. Tausend Grüße an Alle, die meiner gedenken,
und freuen Sie sich schon im Voraus auf einen höchst
interessanten Brief, den Sie in spätestens sechs Wochen
von Murzuk aus erhalten von

Ihrem

treu ergebenen

Eduard Vogel.

Alle Briefe an mich bitte ich an das Foreign office
abzugeben unter der Adresse von

Her Brit. Maj. Consul-General at Tripoli in Barbary,

Col. Herman.

Einunddreißigster Brief.

Tedgeroti, den 6. November 1853.

Mein theurer Colonel!

Ich habe bereits seit drei Wochen Murzuk gesund und glücklich verlassen, und nun liege ich hier mit meiner Karawane, um auszuruhen, Aufzeichnungen zu ordnen und einige nöthige Vorbereitungen zu treffen für die Wanderung durch eine Wüste, in der ich wohl 200 Meilen weit weder auf Gras für die Kameele noch auf irgend eine Spur von Vegetation hoffen darf. Ich bin genöthigt gewesen, noch einige Kameele zu kaufen, so daß ihre Zahl sich jetzt auf 36 beläuft; auch verstärkte ich auf den Rath Hadje Achsen's die Armee der Treiber, und rücke jetzt mit fünfzehn Mann aus. Ein Sohn dieses Herrn, von Bornu kommend, brachte mir Nachrichten, Dr. Barth betreffend, den ich Ihnen schon in einem Privatbriefe ankündigte. Er erzählte mir auch, daß die Tuariks bereits auf die Geschenke warteten, die ich für den Sultan bei mir führe, — aber ich halte diese Mittheilung für eine jener erfundenen Geschichtchen, wie sie die Araber sich zu erzählen lieben, und fürchte mich nicht. Doch habe ich für alle Fälle Kriegsvorrath

unter meine Mannschaften vertheilt und allnächtlich zieht
eine Wache auf mit einer Feierlichkeit und einem Pomp,
als gälte es einem alten Waterloo-General eine Ehre
zu erweisen. Ich habe gefunden, daß ich bei den
Arabern, die auf ihrem Posten einschlafen, körperliche
Strafe nicht wohl abschaffen kann; macht sich dagegen
ein Engländer dieses Verbrechens schuldig, so überlasse
ich ihn der Pein seines eigenen zarten Gewissens. Ich
bin Ihnen sehr dankbar für die Uebersendung des inter=
essanten Berichts über den Kometen. Er wurde von mir
gesehen und beobachtet in Murzuk, vom 24sten August
bis 1sten September. — Die östliche Frage dagegen be=
rührt mich wenig, da ich morgen die türkischen Be=
sitzungen verlasse. Meine Pferde, unter denen ein ganz
besonders feines graues, das Hussan Pascha mir gab,
sind in einem sehr guten Zustande, besonders mein
„Zanzibar", der seinem Freunde Marabut seine Liebe
schickt und hofft, jenen glücklichen Tag zu sehen, wo
er an seiner Seite wieder einen Ritt machen darf. Alle
meine Leute sind in bester Gesundheit und heiterster
Laune und Herr Henry Warington thut sein Möglichstes,
die große Leere auszufüllen, welche die Abreise unseres
liebenswürdigen Friedrich Warington zurückgelassen. Ich
bin sehr froh, einen so vorzüglichen Dolmetscher wie ihn
zu haben, denn Beggo spricht zwar ein gutes Maltesisch,
aber genau so viel Arabisch, als Said (in Tripolis) Ita=
lienisch, und richtet daher in seinen Uebersetzungen großen
Wirrwarr an. Bitte, meine besten Grüße allen Ihren
Lieben zu Füßen zu legen, besonders Mrs. Herman,

Miß Leigh, Mr. und Mrs. Reade, Mr. Guénes, Mr. und Mrs. Edward Dickson und allen andern Freunden — u. s. w.

Zweiunddreißigster Brief.

An

den englischen Viceconsul **G. B. Gagliuffi** Esquire in **Murzuk.**

(Aus dem englischen Original, mit Bleistift während des Reitens auf dem Marsche nach Near Yun drei Tage von Kufa geschrieben.)

Theurer Herr!

Wenn diese fast unleserlichen Zeilen Sie glücklich und unverwischt erreichen, bitte, geben Sie dem Boten einen Dollar. Ich bin ganz wohl, ebenso meine Gefährten; ich habe nur zwei Kameele verloren. Darf ich Sie er-suchen, dem Colonel Herman zur weiteren Beförderung mittheilen zu wollen, daß der See Tschad nur 800 Fuß über der Meeresoberfläche, die Wüste jedoch viel höher belegen, überall ungefähr 1200 Fuß. Nur in Belgutsche-fern fiel es auf 900 Fuß. Viele Grüße für Sie, die Freunde in Tripolis, England und Deutschland. Sie werden von der Revolution in Kufa gehört haben, und von dem Tode des Hadje Bahir, und des Sherif von Zindar. Der neue Sultan, so hoffe ich zuversichtlich, wird mir freundlich gesinnt sein.

Dreiunddreißigster Brief.

An
den Colonel Herman.

(Aus dem englischen Original übersetzt.)

Kuka, im Juli 1854.

Mein theurer Colonel!

Als ich diesen Morgen hörte, daß eine Gesellschaft Tiboo's von hier nach Murzuk aufzubrechen im Begriff sei, benutzte ich mit Freude die Gelegenheit, Ihnen directe Nachrichten zukommen zu lassen. Leider sind es keine guten. Ich hörte zu meinem innigsten Bedauern, daß man Dr. Barth todt sagt. Er soll nahe bei Sokatu, von Timbuktu zurückkehrend, gestorben sein, obgleich mir Niemand über die Art seines Todes irgend eine Auskunft zu geben wußte. Ich habe meinen Diener Rasand, dem ich unbedingt vertraue, beauftragt, Alles aufzubieten, um zu erforschen, ob jene Nachricht auf Wahrheit beruhe, und im Fall der traurigen Bestätigung Nichts zu scheuen, was uns in den Besitz seiner wichtigen Papiere und seiner Habe setzen könnte, um dieselben für die Wissenschaft und die Seinigen zu retten. Es ist mir schmerzlich, daß meine Gesundheit mir nicht erlaubt, selbst nach dem Sudan zu gehen; aber ich will wenigstens nach dem Flusse Tsadda aufbrechen, wohin ich bereits vor vierzehn Tagen reisen wollte, wenn der Sheik mir nicht untersagt hätte, Kuka eher als vorgestern frühestens zu verlassen. Am 20sten Februar

11*

wurde ich nämlich von einer sehr bösen Krankheit be=
fallen, dem gelben Fieber, von deren Folgen ich erst
Ende März befreit wurde, gerade noch zeitig genug,
um den Sultan auf einer Expedition nach Musgu be=
gleiten zu können, von welcher ich Anfang Juni zurück=
kehrte. Mein Plan ist, Bornu, sobald die Regenzeit
ihr Ende erreicht, zu verlassen und direct nach Wadai
zu wandern, das ich ungefährdet bereisen zu können
hoffe. Ich hoffe, daß Herr Gagliuffi die 800 Dollars
abgeschickt hat, die er, wie er mir im März schrieb, für
die Expedition in Händen, und daß die nächste Kara=
wane sie mir bringt; ich bin augenblicklich nicht sehr
reich, und brauche wenigstens die genannte Summe,
um mich in Bewegung zu setzen. Sollten Sie irgend
eine Gelegenheit finden, mir ein kleines Päckchen zu=
kommen zu lassen, das mich etwa Ende Januar spä=
testens erreichte, so bitte ich, mir eine kleine goldene oder
silberne Uhr mit gutem Werk, vier oder fünf gute
Kleidungsstücke, und so viele weiße Bournous wie mög=
lich, sechs seidene Tücher und ein Dutzend rothe Mützen,
zu Geschenken für den Sultan von Wadai und seine
Großen zu schicken. Herr Gagliuffi und Jeder, der mit
den dortigen Verhältnissen einigermaßen bekannt, kann
Ihnen sagen, wie unumgänglich nöthig es für jeden
Fremden, und vorzüglich für einen Christen, sei, in
diesem Lande „offene Hand" zu zeigen. Einen langen
Brief an Sie, sowie eine Menge Depeschen in Betreff
verschiedener Beobachtungen und Sammlungen für Eng=
land, habe ich in die Obhut Herrn Henry Warington's

gegeben, der von hier spätestens in vierzehn Tagen ab=
reisen will, weil ich den Tiboo's in Bezug auf dergleichen
nicht so recht traue. Bitte, die besten Grüße — u. s. w.

Vierunddreißigster Brief.

An
Charles Dickson.

Sinder, den 7. December 1854.

Geehrtester Herr!

Da morgen ein Courier von hier nach Godamis
geht, nehme ich mir die Freiheit, einige Zeilen an
Sie zu richten, obgleich ich nicht das Vergnügen habe,
Sie persönlich zu kennen. Durch einige Geschäfte hier=
her geführt, und sehr begierig, diesen außerordentlich
wichtigen Punkt möglichst genau zu bestimmen, machte
ich mich von Kuka aus auf den Weg mit einem ein=
zigen Diener. Auf dem Wege erhielt ich einen Brief
des Dr. Barth, von Kako datirt, vom 24sten October,
und das war die erste Nachricht, die von ihm zu mir
drang, — da, seit ich in Bornu, Jeder, der vom
Sudan kam, mir seinen Tod bestätigte, so daß ich endlich
mich gezwungen sah, diese traurige Kunde zu glauben.
Außerdem hatte ich nun noch die große Freude, am
ersten dieses Monats Dr. Barth selbst zu begegnen, in
der Nähe einer kleinen Mungo=Stadt, Bunde, etwa
120 Meilen westlich von Kuka. Er war in der besten
Gesundheit und Stimmung, und beabsichtigte, nach Kuka

zu gehen, um von dort mit der ersten Gelegenheit über
Murzuk und Tripolis nach Europa zurückzukehren. Ich
werde mich in einigen Tagen ebenfalls wieder auf den
Weg nach Kufa begeben und dann mit allen Kräften, an=
statt nach Fillu, wie ich beabsichtigte, nach Jakoba und
Adamawa vordringen, mit Empfehlungsbriefen, die
Dr. Barth von dem Sultan von Sokatu erhalten. Ich
bin leider ohne alle Nachrichten von Tripolis und Murzuk
seit dem 17ten Januar und 20sten Februar, und in
großer Geldnoth, ebenso Dr. Barth. Weder in Sinder
noch in Kufa ist etwas für uns angekommen, in Folge
des Krieges zwischen den Tuariks. Aber es ist Hoffnung,
daß die Murzuk=Karawane bald hier sein wird, und nur
in Asben zurückgehalten wurde in Folge des schlimmen
Zustandes der Wege. Ich hoffe, Sie werden mein außer=
gewöhnliches Briefpapier und die Bleistiftschrift entschul=
digen und die Güte haben, diesen Brief mit meinem
besten Gruß auch dem Colonel Herman mitzutheilen.
Bitte, mich angelegentlich Ihrer Frau Mutter und Ihrem
Herrn Bruder zu empfehlen. — U. s. w.

* * *

Die verschiedenen, sich widersprechenden Gerüchte des
schrecklichen Todes Eduards drangen erst ein Jahr nach
seinem letzten Briefe zu uns, um uns Alle in den tiefsten
Jammer zu versetzen. An der Heftigkeit unseres Schmerzes
empfanden wir erst, wie fest wir doch Alle an der Hoff=
nung gehangen, ihn gesund wiederzusehen. Die Fama
war unerschöpflich in schauerlichen Berichten, deren Ein=

zelnheiten unsere Herzen zerrissen. Von allen Seiten
tauchten Erzählungen auf, mit den detaillirtesten Aus=
schmückungen, jede gab einen andern Grund seines Todes
an, nur eben dies dunkle Ende war gewiß, darin stimm=
ten alle überein. Was unsere Eltern in dieser Schreckens=
zeit litten, ist nicht mit Worten auszusprechen. Und da
zeigte sich wiederum die Stärke des Frauenherzens
in der Noth: die zarte leidende Mutter war es, die
den Vater aufrichtete, die ihm unter Thränen zulächelte,
die ihm Trost zusprach; ohne sie wäre damals unser herr=
licher, sonst so geistesstarker Vater zusammengebrochen.
Er hatte sich in erschreckender Weise verändert. Still und
theilnahmlos war er geworden, er, der allezeit Anregende
und Angeregte, er konnte weder arbeiten noch schlafen,
— er schrieb nicht mehr wie sonst jene schönen, frischen
Briefe an uns, seine fernen Kinder, — er wollte nicht
allein bleiben, und wenn er unter den Seinigen war, schien
er doch Keinen von ihnen zu sehen, noch zu hören. Die
vielen Besuche und Briefe treuer, theilnehmender Freunde
rissen immer von Neuem wieder die Wunden auf, und
lange Zeit vermochte es der Vater gar nicht mehr, der=
gleichen Zuschriften zu lesen, er brachte sie der Mutter,
besonders aber seiner Tochter Julie. Wie oft, erzählt diese
Letztere, hat er ihr bleich und erregt eine eingegangene
Depesche des englischen Consulats gebracht, daß sie
dieselbe zuerst lese, — mit welcher sichtlichen Angst die
Zeitungen berührt, die ihn meist in so grausamer Weise
verwundeten! Gar manches Mal haben ihn eben diese
Tochter und sein Sohn Hermann, wenn sie sich in zärt=

licher Besorgniß in sein Arbeitszimmer schlichen, über
Eduards letzte Briefe gebeugt, händeringend und ver-
zweifelnd gefunden. Nur nach und nach, an der Hand
treuster Liebe, richtete sich dieser reiche, elastische Geist wieder auf mit dem Worte: „Der Herr hat's gegeben, der
Herr hat's genommen, der Name des Herrn sei gelobt!"

Die Mutter allein war es, von uns Allen, die den Tod
des geliebtesten Sohnes vorausgefühlt, als wir uns noch
den frohsten Hoffnungen hingaben. Unvergeßlich bleibt
uns folgende Vision von ihr. Etwa vierzehn Monate bevor
jene Schreckenskunde des Todes Eduards uns erreichte, im
März des Jahres 1857, lag die Mutter Morgens in der
siebenten Stunde, eben von einem Krankheitsanfall genesen,
in einem leichten Halbschlummer. Da hört sie, daß Jemand
ganz leise in ihr Zimmer tritt, die Vorhänge ihres Betts
auseinanderschlägt und sich über sie beugt. Abwehrend
hebt sie die Hand und sagt laut: „Laß mich noch ein
Weilchen schlafen, Eduard!" Es war ihr nämlich im
halben Wachen die Erinnerung an seine Gewohnheit
gekommen, ihr des Morgens, ehe er zur Schule ging,
noch in dieser Weise Lebewohl zu sagen. Ein Hauch,
ein Kuß trifft ihre Wange. Da richtet sie sich völlig
erwacht auf, öffnet die Augen, schlägt den Vorhang zurück — sieht Niemand — und klingelt, im höchsten Grade
aufgeregt und beängstigt. Man eilt zu ihr, aber auf alle
ihre Fragen, auf ihre bestimmten Versicherungen, daß
Jemand bei ihr gewesen sei, konnte man ihr nur sagen,
daß kein Fuß ihr Zimmer betreten habe. Ach, wir
suchten es ihr später zu verheimlichen, daß jene seltsame

Erscheinung, menschlicher Berechnung nach, in jene Tage
fiel, in denen der Verlorene, fern von Allen, die er
liebte, sein junges Leben beschloß. Aber sie wußte es,
ohne daß man mit ihr darüber sprach, und ich selbst
habe sie unter heißen Thränen sagen hören: „Ach, daß
ich ihm wehrte, mich zu umfassen, — — ich wäre ja
längst bei ihm, hätte ich's geschehen lassen, und alle
Schmerzen und alle Sehnsucht hätten ein Ende!"

Auch mir, der Schwester, die er so zärtlich liebte, und
die von jeher in dem innigsten geistigen Rapport mit ihm
stand, begegnete in jener Zeit der bängsten Trauer ein selt=
sames Etwas. Ich besaß einen kleinen Canarienvogel, den
ich ganz besonders liebte, weil Eduard sich noch bei seinem
letzten Besuch bei mir viel mit ihm beschäftigte, ihn zahm
zu machen und abzurichten versucht hatte. Es war in
einer schlaflosen Nacht, als ich so recht aus der tiefsten
Tiefe eines geängstigten Herzens um ein Zeichen bat,
ob der Vielbeweinte noch unter den Lebenden. So mit
allen Gedanken und all meiner Sehnsucht war ich bei
ihm, daß ich, als ich einschlief, wunderbar klar und
schön von ihm träumte und ihn als frohen Knaben
vor mir sah. Am nächsten Morgen aber, als ich, wie
gewöhnlich, meinem kleinen Vogel sein Frühstück, ein
Stückchen Zucker, bringen wollte, lag er starr und todt
am Boden. — —

Mit dem Briefe vom 5ten December an den Vater
schließt sich das Leben Eduards für uns. Von da ab
haben wir, die Herzen der Eltern und Geschwister, alle
Stadien der Furcht, des Schmerzes, der Trauer und der

Hoffnung nicht ein Mal, nein hundert Mal durchlaufen.
Immer wieder von Neuem mußten wir den Verlorenen
sterben sehen, immer wieder begrub man ihn, — um ihn
nach kurzer Zeit auferstehen zu lassen, und so blieb es bis
in die letzten Tage hinein. Ein Herz brach endlich darüber
— das treue, tapfre Mutterherz. Wir Andern sind todtmüde geworden von diesem Fürchten, Verzagen und Hoffen. — Nachfolgender Brief Werner Munzinger's ist der
letzte ausführliche Bericht über das muthmaßliche Schicksal des Verschollenen. Die letzten Nachrichten über
den Lebenden, während seines Aufenthalts in Tripolis, empfing ich diesen Sommer durch den ehemaligen
französischen Consul daselbst, Baron de Testa, augenblicklich in Mannheim. Wie viel Liebes wußte er zu
sagen über den „brave jeune homme qui nous aimons
tant, qui était si aimable et gentil". „Ganz Tripolis
trauerte, als er es verließ," versicherte Testa; „er hatte
sich alle Herzen gewonnen während seines Aufenthaltes
daselbst, durch seine Bescheidenheit, Fröhlichkeit und geistvolle Lebhaftigkeit. Die jungen Mädchen, denen er ein
klein Wenig den Hof machte, schwärmten für ihn, und
man hat ihn neckend gefragt, ob er sich, wie der arme
Richardson, noch vor seiner Abreise verheirathen wolle.
Freudig und erwartungsvoll, wie zu einem Ballfeste,
und doch mit voller Besonnenheit und einer bewun-
derungswerthen Umsicht trat er seine ungeheure Reise
an." Und Madame de Testa mit ihrer sanften Stimme
konnte nicht müde werden, seine „beaux yeux" zu
rühmen. Auch seiner „air delicate" gedachte sie, und

der großen Sorge, die sie Alle um dieses junge, reiche, und doch anscheinend so zarte Leben gefühlt.

Ich lasse jenem Schreiben Munzinger's noch einige Briefauszüge folgen, die sich auf den Verlorenen beziehen.

Wichtige Nachrichten über E. Vogel's Schicksal.

Schreiben von Werner Munzinger
aus El Obeid, der Hauptstadt von Kordofan, vom 23sten Juni 1862.

Ich beeile mich, Ihnen mitzutheilen, daß es uns schon hier gelungen ist, sichere Nachrichten über das Schicksal Dr. Vogel's zu erhalten. Diese Auskünfte verdanken wir einem geborenen Schingetiner, Namens Mohammed, der im Auftrag seines Herrn Sein el Abidin sich seit einiger Zeit hier befindet. So wenig Werth ich auf indirectes Auskunftsammeln lege, so wichtig scheinen mir die Aussagen eines Mannes, der so zu sagen als Zeuge betrachtet werden kann. Indem ich versuche, Ihnen die Thatsachen chronologisch geordnet aufzuzählen, überlasse ich natürlich Ihnen und jedem Freund Vogel's die Schlußfolgerung. Und so versetzen wir uns nach dem fernen Westen, nach der Stadt phantastischen Namens Timbuktu, in die Familie des Scheich el Mochdar el Kunti, dessen Enkel Ahmed el Bakai uns durch Dr. Barth die Nigerstraße geöffnet hat, dessen anderer Enkel Sein el Abidin uns indirect von Vogel's Schicksal unterrichten soll. Jeder Freund der Wissenschaft achtet hoch die Familie des Scheich el Mochdar und kennt ihre Schicksale. Vollblut=Araber, von den Beni Omaja nach Westen ausgezogen, kamen sie in den letzten Zeiten unter verschiedenen Schicksalen über Schwinget endlich nach Timbuktu, als Mittler und Ver= söhner streitender Stämme. Der Islam, seinen Büchern nach für uns fast eine prosaische Naturreligion, erhält von dem das Uebernatürliche ahnenden Menschen seine Heiligen und seine Wunder. Die Scheich stehen der Gottheit näher, und Niemand wagt, sich ihrem Zorn auszusetzen; Regen und Wind beherrschen sie; plötzlicher Tod, Krieg, Krankheit straft ihre Verächter. Im Westen war die Familie der Kundi immer ungemein gefürchtet und geachtet; vielleicht ist sie durch ihren Sprößling Sein el Abidin bestimmt, ihren Einfluß auch auf Ost= Sudan auszudehnen. Der Scheich el Bakai und der Scheich Sein el Abidin sind Kinder von zwei Brüdern, Enkel des Scheich el Mochdar. Im Jahr 1266 der Hedschra brach der Scheich Sein el Abidin von Tim= buktu nach Mekka auf, und sich über Fas nach Kairo wendend, erfüllte er den Hadj im Jahre 1267. Er nimmt den Rückweg über Dongola und kommt nach kürzerem oder längerem Aufenthalt vielleicht Ende 1269 über Begirmi nach Bornu. In Begirmi traf er unsern Berichterstatter Mohammed, seiner Geburt nach von Schinget und dem Scheich schon bekannt, an. Wäh= rend der Scheich westwärts zog, verfolgte Mohammed seine Pilgerschaft, verweilte auf der Rückreise längere Zeit in Borgu (Wadai), wo er eine Sklavenjagd mit=

machte, und in Begirmi, wo er in der Regenzeit 1855 wieder zum Scheich stieß. Der Scheich el Abidin kam im Jahre 1269 (unser 1852/53) nach Kuka. Scheich Omer regierte noch mit seinem bekannten Wesir und beauftragte den Scheich mit einer Gesandtschaft nach Sokoto mit der Aufgabe, den Frieden zwischen beiden Ländern wiederherzustellen. Man weiß, daß sich im November 1853 Scheich Omars Bruder, Abderrahman, der Herrschaft bemächtigte und erst im Sommer 1854 wieder abgesetzt wurde. Der Scheich fand bei seiner Rückkehr von Sokoto bei Abderrahman, der ihn als Freund des Scheich Omer betrachtete, kalte Aufnahme. Seine Rückkunft nach Kuka muß mit der Ankunft Eduard Vogel's in Kuka (13ten Januar 1854) ungefähr zu= sammenfallen; er hielt sich da bis Mitte 1855 auf. Im Herbst 1854 kam Dr. Barth nach seiner großen Fahrt glücklich nach Timbuktu zurück; er war von zwei Schülern des Scheich Sein el Bakai begleitet und brachte weitläufige Briefe von ihm an den Scheich Sein el Abidin, worin die Geschichte Barth's in Timbuktu in allen ihren Einzelnheiten erzählt war. Sein el Abidin wurde durch diese Empfehlungsbriefe in die Freundschaft der Euro= päer hereingezogen; Dr. Barth verlebte mit ihm noch einige Zeit in angenehmem Verkehr, und als er verreiste, gab ihm der Scheich das Geleit. Ich halte mich nur der historischen Begründung wegen da auf, da Ihnen Dr. Barth gewiß längst davon erzählt hat. Mein Be= richterstatter für diese Zeit ist nicht der erwähnte Mo= hammed, der sich damals in Begirmi aufhielt, sondern ein hiesiger Fagih Ahmed, der alle Details aus dem Munde des Scheich bei seinem letzten Aufenthalte in Kordofan hörte, zum Theil aufschrieb und zu meinem Erstaunen mir Dr. Barth's Geschichte in Timbuktu sehr genau wiedererzählte. Der Fagih Ahmed ist ein junger Djali von vieler Wißbegierde, und die Erzählungen des Scheich von Timbuktu und der wahrhaft arabischen Gastfreundschaft der Bakai reizten ihn so sehr, daß er mir ganze Kassiden gegen die Falluta gerichtet auswendig vordeclamiren konnte. So mag die Kunde von dem Schutz, den ein Franke bei einem heilig gepriesenen Scheich genoß, vielleicht auch andere Mohamedaner an die Pflichten mahnen, die sie ihrem Koran nach dem Gast und dem an Offenbarung glaubenden Christen gegenüber haben. Im Jahre 1855 war Dr. Vogel auf verschiedenen Reisen von Kuka abwesend, wohin er erst den 1. December wieder zurückkam, um den 1. Januar des neuen Jahres nach Osten aufzubrechen. Unser Scheich verreiste in der zweiten Hälfte des Jahres 1855 nach Begirmi und hielt sich da bis zum Sommer*) 1856 auf. Er fand hier den Schingetiner Mohammed, der sich sogleich zu ihm gesellte und seitdem bis heute seine Schicksale theilte. Mohammed erzählt nun, daß er sich im Frühjahr 1856 mit seinem Herrn in Massena befand, als Dr. Vogel beim Beginn der heißen Zeit da

---

*) Unter Sommer verstehen wir die heiße Jahreszeit, von März bis Juni, die Regenzeit von Juli bis September; der Winter dauert von October bis Februar.

ankam. Er schätzt die Zeit dessen Aufenthalts auf einen
Monat; er wurde gut empfangen; er hatte einen Diener
von Fesan, mit dem unser Mohammed bekannt war.
Vogel soll sich im Arabischen nur unvollständig haben
ausdrücken können. Von Begirmi nach Borgu sind
zwei Straßen, eine directere südlich, die andere über
Meitu und Fittri; doch konnte Mohammed nicht sagen,
welche von beiden Abdulwahed gewählt habe. Die Nach=
richt, die vom Scheich Omar von Bornu herrührt und
ihn nördlich gehen läßt, hat nichts Unwahrscheinliches;
denn vielleicht war die südliche Straße bei den Wirren
in Borgu nicht gangbar, ferner konnte Dr. Vogel
hoffen, sich bei allfalls ungünstigen Nachrichten die
sichere Rückkehr dadurch offen zu halten, daß er sich so
lange als möglich den Grenzen des Landes nahe hielt.
Unser Berichterstatter erzählt weiter, daß er mit dem
Scheich im Frühsommer desselben Jahres (etwa April
1856) von Massena verreiste; sie kamen nach wieder=
holtem kleinen Aufenthalt da und dort im Innern von
Borgu an und fanden auf dem Wege den Wesir des
Sultans Simelek mit dem Eintreiben des Tributs be=
schäftigt. Dieser empfing sie sehr gut und führte sie
in sein Dorf, wo sie den Ramadan zubrachten. Die
Reise bis zum Zusammentreffen mit Simelek schlägt
Mohammed auf fünfzehn Tage, den Aufenthalt mit
dem Wesir auf dem Lande und in dessen Dorfe auf
vierzig Tage an. Ende Ramadan ging der Scheich zum
Sultan Scherif nach Besché (nicht Abeschr, wie es auf
den Karten heißt), wo er residirte, machte da das Fest

der Fathr mit und kam nach dreitägigem Aufenthalt in das Dorf des Wesirs zurück, von wo die Gesellschaft unverzüglich nach Dar=for sich aufmachte. Der große Beiram wurde in Tendelti gefeiert, doch blieben sie den ganzen Herbst und Winter da und langten erst im Sommer des andern Jahres nach der Abreise von Said Pascha (im Regeb 1273 resp. 1857) in Chartum an. Nun entspricht nach dem Nautical almanach der 29. Juni 1862 dem 1. Mohaerenn 1279 und so der große Beiram dieses Jahres (10. Dsu'l hidje) dem 9. Juni. Wenn man zwischen unserem und dem islami= tischen Kalender eine Differenz von elf Tagen für die gewöhnlichen und zwölf für die Schaltjahre annimmt, so fiele der Ramadan 1272 vom 9. Mai bis 8. Juni 1856, der kleine Beiram oder das Fest der Fathr, das der Scheich in Besché zubrachte, auf den 9. Juni, und das Fest der Hadj, wo er sich in Dar=for befand, auf den 16. August 1856. Die chronologischen Angaben unseres Mohammed sind dadurch bewährt, daß er den Aufenthalt in Borgu in den Hochsommer, den in Dar= for aber in die Regenzeit verlegt. Mohammed berichtet nun, daß sie schon auf dem Wege nach Borgu in den Dörfern von vielen Leuten gewarnt wurden, ja nicht zu ihrem Sultan zu gehen, da er jüngst einen von Bornu kommenden Scherif habe ermorden lassen. Als sie bei Simelek ankamen, wurde ihnen Dr. Vogel's Tod ohne Hehl von allen Soldaten, Bauern und Vornehmen erzählt, und Simelek selbst sprach davon ausführlich mit dem Ausdruck großer Mißbilligung. Die Sache verhielt

sich aber so. Der Sultan Scherif hatte zu Wesiren
seine Schwestersöhne, den älteren Simelek und Germa.
Simelek hatte einen sehr guten Charakter, während sich
Germa durch Böswilligkeit und ehrlose Habsucht noch
immer auszeichnen soll. Als Dr. Vogel in Borgu an=
kam und nach dem besten Schutzherrn fragte, wurde
ihm Germa als solcher bezeichnet, und anscheinend sollte
er es sein, da er beim Sultan sehr beliebt. So quar=
tierte er sich bei ihm ein und überreichte bei seinem
Besuch dem Sultan sein Galan, d. h. Empfangsgeschenk.
Vogel hatte ein sehr schönes Pferd, wahrscheinlich das
in seinen Briefen erwähnte; Germa bedeutete ihn, er
möge es dem Sultan schenken, um es dann für sich zu
nehmen. Vogel erwiderte ihm, daß er sein Reitthier
nicht weggebe; dann wollte Germa es kaufen, was auch
abgeschlagen wurde. Darauf hin wurde sein Mord be=
schlossen. Germa stellte dem Sultan vor, Vogel ver=
hexe das Land, indem er mit Feder ohne Tinte (Blei=
stift) schreibe; übrigens sei er ein Christ und so vogel=
frei. Der wahre Beweggrund war aber, so betheuert
mir ausdrücklich der Berichterstatter, dieses Pferd; Zau=
berei mußte den Vorwand abgeben. Vor leichtsinnigem
Gebrauch astronomischer Instrumente hatte man ihn in
Bornu so gewarnt, daß er sie niemals hervornahm.
Den fünften oder sechsten Tag nach seiner Ankunft kam
Germa, von Soldaten begleitet, in der Nacht vor seine
Hütte; Vogel wurde unter dem Vorwande, der Sultan
verlange ihn, hinausgerufen und sogleich niedergehauen.
Sein Schicksal theilte sein Diener, was nicht auffallend

ist, da Fehler des Herrn im Orient gewöhnlich dem
Diener zur Schuld gegeben werden; daher ist es nicht
zu verwundern, daß keine authentische Nachricht nach
Bornu kam. Der Habseligkeiten Vogel's bemächtigte
sich Germa, wie auch des Pferdes, das unser Berichterstatter mit eigenen Augen bei diesem sah. Ueber das
Schicksal der Papiere konnte er natürlich nichts sagen.
Vogel wurde bei seiner Durchreise, wie das gewöhnlich
geschieht, vom gemeinen Volk als Scherif angesehen,
während seine Qualität als Christ beim Hof bekannt
war. Um uns über das Datum seines Todes mehr
zu vergewissern, müssen wir uns erinnern, daß der
Scheich Sein el Abidin Anfangs Mai, im Ramadan,
ins Dar, den 8. Juni nach Besché kam. Mohammed
meint, es möge zwischen der Ankunft des Scheich und
der Vogel's in Besché nur ein Monat vergangen sein;
man habe von des Letzteren Tod als von einem ganz
jungen, unverwischten Ereigniß gesprochen. So glaube
ich nicht sehr zu fehlen, wenn ich den Mord Vogel's
in die Zeit versetze, als der Scheich an den Grenzen
des Landes anlangte. Dr. Vogel verreiste von Kuka
den 1. Januar 1856; nach dem Briefe des Scheich
Omer von Bornu wäre er den Djumad el achir bei
den Sliman gewesen, also auf einem Umwege erst im
März nach Begirmi gekommen. Dies als wahr angenommen, zu was uns eigentlich nichts verpflichtet,
hätte er den Rest vom März und einen Theil des April
in Begirmi zugebracht, da Mohammed seinen Aufenthalt auf einen Monat schätzt. In dem Bericht des

Scheich Omer fällt auf, daß Vogel sich von Mua Massena zuwandte, anstatt direct zum Fittri vorzugehen. Von Massena konnte er wohl bis Ende April in Beschè ankommen, und da er dann nur noch fünf bis sechs Tage lebte, so fiel dieser glückliche und unglückliche Mann höchst wahrscheinlich in den ersten Tagen des Mai 1856 als Opfer für die Wissenschaft. Es ist ein unheimliches, fatales Factum, daß seine größten Arbeiten und sein Diener sein Schicksal theilten; wir besitzen wohl nur den kleinsten Theil seiner Papiere; es war ihm nicht vergönnt, wie Richardson fertig zu sterben; doch wissen wir genug, um uns von der größten Achtung für ihn zu erfüllen. Was den Sultan Scherif angeht, so kennt man seine Antecedentien. Vor seiner Erwählung trieb er sich lange Zeit im Ostsudan herum, pilgerte nach Mekka als echter Takruri bettelnd, und hielt sich dann in sehr dürftigen Umständen, mit Pfeffer und Aehnlichem handelnd, in Tendelti auf. Dann zog ihn Mohammed Fadhl aus der Dunkelheit und schickte ihn mit einer vom jetzigen Sultan Hussein geführten Armee nach Wadai, wo Hungersnoth zur Unterwerfung zwang. In seinen letzten Jahren wurde er blind und von einer Seite gelähmt; es standen Rebellen auf, worunter sich sein älterer Sohn Mohammed auszeichnete. Da die Räthe seinen Vater besorgen machten, daß sein Sohn, der sich im Lande viel Anhang verschaffte, ihm den Thron streitig machen werde, befahl er, ihn festzunehmen, worauf hin Mohammed sich im Lande herum trieb; eine der Frauen des Sultans versprach ihm, ihn sogleich zu benachrichtigen, wenn sein Vater sterbe. Diese Frau giebt ihm endlich in böser Absicht die falsche Nach= richt, sein Vater sei todt. Darauf hin geht Mohammed mit seinen Soldaten nach Wara, erzwingt sich nach langem Widerstand den Eingang in den Palast (auf den die Beschreibung Mohammed et=tunsi noch paßt), setzt sich in Besitz der Reichsinsignien, besteigt den Opfer= berg ed=deraye und so ist er gekrönter Sultan. Die Nachricht davon kommt nach Besché zu seinem Vater, der noch lebt; er versammelt seine Armee und läßt sich nach Wara tragen. Als Mohammed von Weitem den Baldachin seines Vaters sieht, erkennt er den ihm ge= spielten Betrug und flieht nach Tama, dessen Sultan ihn gut aufnimmt. Auf den Befehl Scherifs, ihm seinen Sohn auszuliefern, entschuldigt er sich mit den Pflichten der Gastfreundschaft. Auf dies hin zieht Scherif gegen Tama, doch da alle seine besten Soldaten im Kampfe fallen, muß er sich zurückziehen. Sein Sohn, der mit Schmerz die Niederlage und den Ruin seines Vaterlandes sieht, entschließt sich, sich seinem Vater zu unterwerfen und verläßt Tama. Er kommt zu seinem Vater, der ihn gut aufnimmt, ihm aber auf den Rath seiner Wesire hin alle Waffen und Soldaten weg= nimmt. So wird Mohammed unbedeutend, während sein jüngerer Bruder Ali, besonders von seinem Onkel Eimelek, von den Absenun unterstützt, noch zu Lebzeiten seines Vaters mächtig wird und bei seinem Tode 1275 ohne Mühe den Thron einnimmt. Mohammed, der Regierung verlustig, geht nach Darfor, dessen Sultan ihn als Vaterfeind Sein Iblis (die Teufelszierde) nennt, und befindet sich gegenwärtig auf der Pilgerfahrt nach Mekka. Die Regierung Ali's wird als kräftig gerühmt. Die Residenz soll noch immer Beschä sein. Simelek ist seitdem gestorben; dagegen steht der verrätherische Gerina noch immer in Amt und Ehren und soll die wichtigste Person im Lande sein. — Was unsern Scheich Sein el Abidin betrifft, so verreiste er von Chartum (1857) zum zweiten Male nach Mekka und kam auf dem Rück= wege nach Darfor, wo ihn der Sultan, der von einem Aufstand der Mogrebnier bedrängt war, über ein Jahr aufhielt, um ihn für sein Wohl beten zu lassen. End= lich im Begriff nach Westen aufzubrechen, sagt ihm eine Stimme, er solle nach Osten gehen. Er kommt nach Kordofan, wo er sich bleibend niederzulassen gedenkt. Geschäfte führen ihn nach Chartum, in der Zeit, als wir uns da, ohne ihn zu kennen, aufhielten, und von da nach Berber. Der dasige Scheich Muhmud ladet ihn ein, sich da bleibend niederzulassen, und giebt ihm seine Tochter zur Frau. Sein Famulus Mohammed wird nach El'Obeid geschickt, um das Haus des Scheich nach Berber zu bringen. Der Zufall will, daß wir beim gleichen Gastherrn zusammentreffen. Der Scheich soll ein Dreißiger sein, sehr aufgeräumten Charakters und trotz des Aberglaubens des Sudans gegen den Tabak ein tüchtiger Raucher. In Timbuktu hat er von seiner ersten Frau, der Tochter des Scheich el Bakai, mehrere Kinder. Die Araber stehen im Auswanderungs= trieb gewiß Niemand nach; ihre Züge sind langsam,

mit langen Halten; Zeit kostet ihnen nichts und auch
der Raum verliert seine Schrecken. Wenn der Scheich
seine dreizehnjährige Fahrt von Timbuktu nach Mekka
über Fas-Kairo, von da über Suakin, Berber, Dongola, Kordofan, For, Borgu nach Bornu und Sokota,
von da zurück über Chartum nach Mekka, dann wieder
bis Darfor und endlich nach Berber, niederschreiben
möchte, das würde ein schönes Buch geben. Ich kann
mich nicht enthalten, einige Punkte hervorzuheben, die
sich auf die mitgetheilten Facta beziehen. Vorerst muß
ich bemerken, daß die Aussagen unseres Mohammed
sich trotz wiederholten Kreuzverhörs immer genau gleich
blieben und mit den Mittheilungen des Fagih Ahmed
sowohl, als mit den uns bekannten Daten, überein-
stimmten. An Interesse kann man nicht denken, da die
Hauptfacta in einem scheinbar absichtslos geführten Ge-
spräch von ihm gewonnen wurden, und weder er noch
überhaupt Jemand hier unser Interesse an Vogel kennt.
Es kommt mir fast vor, daß ein Mann von größerer
Reflection kaum sich offen darüber ausgesprochen hätte;
ich bezweifle, ob sein Herr, der Scheich, trotz seiner
Freundschaft für die Europäer, mit seiner Offenheit zufrieden sein wird. Die Mohamedaner sind im Nach-
richtgeben, sogar von Bagatellen, Fremden gegenüber
zurückhaltend, da sie die Tragweite fürchten. So will
hier Niemand zugeben, daß Dr. Cuny vom Sultan
Hussein getödtet worden ist, während die fremden Türken
davon überzeugt sind. In Wadai wird Niemand den
mächtigen Germa als Mörder Dr. Vogel's anklagen.

Diese meine Ansicht wird durch das Verhalten des Scheich Omer von Bornu, des Engländerfreundes, vollständig bestätigt. Er hindert Macguire, detaillirt über Vogel's Tod zu schreiben, indem er eigenhändig an die Behörden officiell zu berichten verspricht. Und dann was enthält seine Depesche? Er erzählt, und ich glaube richtig, den Weg Vogel's bis Wadai, und im entscheidenden Augenblicke bricht er auf eine Manier ab, die aussieht, als ob er im Zweifel gewesen sei, ob er fortschreiben solle oder nicht. Das afrikanische Mißtrauen behält die Oberhand. „Das ist Alles, was ich Euch sagen kann," sagt er, und siegelt. Ich bin weit entfernt, ihm daraus ein Verbrechen zu machen; der Orient und Afrika haben auch ihre diplomatischen Rücksichten. Der heilige Berg von Wara existirt wirklich und heißt nach meinem Berichterstatter Djebel Deraja. Auf der Spitze ist eine Kapelle, wo der Sultan bei seiner Thronbesteigung eintritt; man behauptet, es würden bei dieser Gelegenheit Menschenopfer geschlachtet. Wara war aber schon lange vor Vogel's Tode verlassen und öde. Die Residenz ist sechszehn Stunden südlich von Wara, Beschè, und dahin mußte Vogel gehen, da aber giebt es keinen heiligen Berg. Ahmed el Schingeti, von Green und von v. Neiman citirt und auch von mir in Chartum ausgefragt, hat in der Thatsache Recht, aber seine Details sind falsch. Was sich bestätigt, ist die Angabe, daß Vogel's Pferd noch in Borgu existirt, was er mir in Chartum mittheilte. Ahmed el Schingeti ist schlau und durchtrieben; seine Nachricht, der Sultan von Darfor

habe fein Mißfallen an Vogel's Ermordung ausgedrückt,
ist wohl eine grobe List, Darfor Wadai gegenüber her=
auszustreichen. Bei Green redet er von den drei euro=
päischen Reisenden als ihm nur vom Hörensagen be=
kannt, während er mir gegenüber sie persönlich zu kennen
behauptete. Seine Mittheilung an v. Reiman ist sehr
außerordentlich; da er sieht, daß dieser junge Mann
Vogel eher lebend als todt glaubt, giebt er ihm auf
eine mysteriöse Weise, ohne sich geradezu einer Lüge
schuldig zu machen, zu verstehen, Vogel möge noch am
Leben sein. Ferner ist desselben Mannes Behauptung,
Vogel sei dem Fanatismus zum Opfer gefallen, nicht
haltbar; das Volk betrachtete ihn als Scherif; beim
Hof dagegen, wo man ihn kannte, war nach der wie=
derholten Versicherung meines Berichterstatters Habsucht
und vielleicht, durch die hartnäckige Weigerung, verletzter
Stolz die alleinige Ursache seines Todes. Man hat Bei=
spiele von angesehenen reichen Leuten von Schinget und
anderswo, die von Magdums (Statthaltern) in Wadai
ihrer Habe wegen umgebracht wurden. Als dann die
Sache offenkundig wurde, hätte der Sultan den Ent=
setzten gespielt, aber von Strafe sei keine Rede gewesen,
da der Löwe schon längst seinen Antheil bekommen hatte.
Die Confiscirung der Karawanen bei Utschila war meinem
Berichterstatter nicht unbekannt, aber bei seiner Anwesen=
heit habe er Niemand davon reden hören, und sie habe
sicherlich keinen Einfluß auf Vogel's Tod gehabt. In
Betreff der jetzigen Regierung meinte er, daß gewiß kein
von Ost oder West kommender Europäer für diese Kara=

wanen büßen würde; übrigens sei es (und ist wirklich) nicht Brauch im Suban, alte Sachen unter einem neuen Sultan weiterzuführen. Zur Zeit von Vogel's Tode regierte Scherif, der also nach dem Bericht Beur= mann's geschworen haben soll, jeden Christen zu köpfen. Der jetzige Sultan Ali, der erst 1858 auf den Thron kam, hat also mit diesem Schwur nichts zu thun, während Beurmann anzunehmen scheint, daß derjenige Sultan, der Vogel wegen der Karawanen hinrichten ließ, noch immer regiere. Jedenfalls muß es schon wegen des schlechten Gewissens und der Unterbrechung des Handels=Verkehrs von Bengasi für einen Europäer unmöglich sein, direct von da nach Wadai zu gehen, besonders da eine Erlaubniß dazu nicht eingeholt werden kann. Was die Papiere Vogel's anbetrifft, so kann ich leider keiner Hoffnung Statt geben. Nicht=arabische Papiere werden in diesen Ländern so vernachlässigt, daß sie in kurzer Zeit den Würmern zum Raub werden; erregen sie abergläubisches Mißtrauen, so werden sie schnell vernichtet. Es ist nach den gegebenen Auskünften leider wohl nicht dem geringsten Zweifel unterworfen, daß Dr. Vogel nicht mehr am Leben ist. Es thut mir leid, seine Familie und Freunde der letzten Hoffnung berauben zu müssen. Aber Wahrheit hat auch ihren Trost. Ich bitte Sie, den Ausdruck meiner vollkom= mensten Hochachtung entgegen zu nehmen.

Werner Munzinger.

Verschiedene Briefauszüge über Eduard Vogel.

Aus einem Briefe der Mutter.

März 1857.

— — Etwas muß ich Dir noch mittheilen, geliebte Tochter, und wenn Du selbst das Mutterherz thöricht schelten mußt, das sich an einen Trost klammert, der für kein anderes Herz ein Trost sein kann. Am Sonntag saß ich in meinem stillen Zimmer und las in der Bibel. Meine Seele war erfüllt von tiefer Wehmuth und Sehnsucht, denn ich hatte viel von jener Zeit gesprochen, in der mir Gott einst meinen geliebten Eduard schenkte. Da wurde ein Brief gebracht — ich öffne ihn und vor meinen Augen standen die Worte:

„Mit Gott!

Dein Sohn lebt noch und wird frei werden. Gieb Dich zufrieden, zagendes Herz. Er ist da, wo er zuletzt Nachricht von sich gab. Kühne Männer werden ihn befreien. Warte auf seine Befreiung noch ein Jahr. Dein Sohn liegt auch nicht in Ketten und Banden, er wird nur wohl bewacht, und der ihn gefangen hält, will von ihm lernen. Forsche nicht, woher diese Stimme kommt.

Einer, der glücklich ist, Dir diese Nachricht geben zu können."

Wenn ich mir auch sagen mußte, nachdem die erste Aufregung überwunden, daß es wohl nur liebe Worte sind, mit dem Wunsche niedergeschrieben, unsern armen

Herzen wohl zu thun, so hat mich dieser Brief doch
wunderbar erquickt, und ich trage ihn in meinem Arbeits=
körbchen immer bei mir, damit ich ihn wieder und wieder
lesen kann. — —

Aus einem Briefe der Mutter.

Neujahr 1855.

— — So möge denn durch Gottes Güte das neue
Jahr für uns Alle ein gesegnetes werden, möge der
Herr auch jenen stillen, heißen Wunsch beachten, der
immer meine armen, müdgeweinten Augen überfließen
macht: den Wunsch nach einem Lichtstrahl. Möge
es Ihm endlich gefallen, das tiefe Dunkel zu erhellen,
das die Gestalt unseres theuren Sohnes umhüllt, und
wenn auch in der Erfüllung dieser Sehnsucht uns der
größte Schmerz zu Theil würde: Seine Vaterhand wird
uns halten und uns tragen helfen, was sie uns auf=
erlegte.

Aus einem Briefe des Vaters.

Neujahr 1855.

Meine theuren Kinder!

Spät, aber mit nicht minder liebevollem Herzen
komme ich heute zu Euch, nicht nur Euch für Eure letz=
ten lieben Briefe und die darin ausgesprochenen Wünsche
zu danken, sondern um Euch eine Depesche von unserm
geliebten Eduard so schnell als möglich zu übersenden.

Denkt Euch die Freude, als gestern der im Original beifolgende Brief*) eintraf! Gott sei Dank, der uns diese Stunden bereitet hat! Auf Ihn hoffen wir, Er werde uns auch die Wonne des Wiedersehens nicht ver= sagen, wenn es in den Plänen Seiner ewigen Weisheit und Liebe liegt. Erfreut auch Ihr Euch nun an dem reichen, interessanten Inhalt, den ich sofort durch die Deutsche Allg. Zeitung veröffentlichen werde, und schickt mir den kostbaren Schatz, den ich Euch anvertraue, recht bald wieder zurück. Möge uns das neue Jahr, welches Euch Allen Gott mit Seinem reichsten Segen krönen wolle, noch recht viele solcher Freudenbotschaften bringen, am Ende aber unsern Liebling gesund in unsere harrenden Arme zurückführen. — Die gute Mutter hat über dieser Freude ihr Unwohlsein fast überwunden, ich sage nur fast, — sie lag doch gar zu hart danieder. Wie ist ihr vor Allen solch Labsal zu gönnen! — —

Aus einem Briefe des Vaters.

Am 19. Juli 1856.

Ich weiß, Du wirst heute, an meinem Geburtstag, Deine Gebete mit den meinigen vereinen, theures Kind, daß uns unser Herzensliebling, unser Eduard, glücklich wiederkehre aus den Wüsten Afrika's. Der Gedanke an ihn verläßt mich keine Stunde.

*) Der letzte, vorher mitgetheilte Brief Eduards.

Aus einem Briefe des Vaters.

28. December 1858.

— — Wir haben das liebe, schöne Weihnachtsfest in
gewohnter Weise still und fröhlich gefeiert, da von allen
fernen geliebten Kindern gute Nachrichten eingingen.
Von Allen?! Ach, warum soll uns diese Ergänzung
unseres bescheidenen Glückes fehlen? So fragt das
bange Vaterherz immer und immer wieder, wenn es
auch glaubt und weiß, daß der theure Vermißte sicher
in Gottes Hand ist. Möge das kommende Jahr uns
endlich Gewißheit über sein Schicksal bringen und zugleich Kraft, eine jede mit stiller Ergebung zu ertragen.
Jedenfalls wollen wir Alle uns im neuen Jahre mit
alter und doch immer neuer Liebe recht innig umfassen,
und uns dadurch gegenseitig kräftigen zu jedem Kampf
gegen Ungemach und Leid, dem ja auch der Glücklichste
nicht entgehen kann. — — —

Von Demselben.

24. August 1862.

Zürne mir nicht, mein geliebtes Töchterchen, daß ich
etwas später, als Du in gewohnter Ungeduld wohl
erwartet haben magst, die gewünschten übrigen Briefe
unseres theuren Verlorenen, oder, wie ich ihn lieber
nennen möchte, „Verschollenen", sende, denn nach den
letzten Nachrichten gewinnt der Glaube an die Gefangen-
schaft unseres Eduard wieder so viel neuen Grund, daß

selbst mein durch so viele Täuschungen eingeschüchtertes
Herz sich von Neuem an trügerische Hoffnungen hängen
möchte. Daß Du ihm, an dem unser Aller Herzen und
Wünsche hängen, ein Denkmal setzen willst mit Deiner
feinen Feder, freut mich gar sehr. Beschneide aber
Deiner Fantasie ja recht tüchtig die bunten Flügel, daß
nicht aus den biographischen Notizen Novellen werden,
in welcher die Wahrheit Einbuße erlitte. Zeichne nur
skizzenhaft Deine Erinnerungen an ihn auf, und verweise
Diejenigen, die von dem Afrika-Reisenden hören wollen,
an die wissenschaftlichen Mittheilungen in Petermann's
vortrefflichem Journal, und an die Wagner'schen Berichte.
Wären nur erst wieder Nachrichten da von und über
Beurmann, den Braven, Kühnen! Gott schütze ihn!

Aus einem Briefe des Herrn Dr. **Heinrich Barth**, aus Mourzuk,
Juli 20. 1855, an den Geographen Ihr. Maj. der Königin von England,
Herrn **A. Petermann**.

— — — Vogel hat Yakoba astronomisch bestimmt!
Ist jetzt — so Gott will — in Banya, seinem Erdo-
vador, hat alle Pflanzen von Tibat gesammelt, — so
Gott will, den Alantika bestiegen — ist dann auf dem
interessanten Wege südlich von Wandala nach Logem
und findet Waday in tiefster Ruhe. 960 Thaler habe
ich für ihn in Kuka gelassen — genug, um die Welt
zu erobern.

Geehrter Herr!

Ich benutze diese Gelegenheit durch Herrn Seemann,
um Ihnen im Auftrage des Dr. Beke ein Exemplar
seines Buches der „Barentsschen Reisen", — was der=
selbe Sie bitten läßt, als Zeichen der Anerkennung der
freundlichen astronomischen Hülfe Ihres Sohnes Eduard
gefälligst entgegenzunehmen, — zu überreichen. Sollten
Sie etwa an Dr. Beke zu schreiben wünschen, so belieben
Sie Ihren Brief gefälligst unter meiner Adresse zu sen=
den, da derselbe nach Mauritius abgereist ist. Gleich=
zeitig gereicht es mir zum Vergnügen, eine Correspon=
denz anzuknüpfen mit Ihnen, dem Vater meines so
geschätzten Freundes, des kühnen Afrika=Reisenden; und
Ihnen auszudrücken, mit welcher Freude ich etwaige
Besorgungen ausführen, oder irgend welchen Wünschen
in Betreff der Unternehmung nachkommen würde. Alle
neuen Nachrichten, die ich über die Reise publicire, werde
ich Ihnen sofort zugehen lassen; ich hoffe dieses in den
nächsten Tagen thun zu können, da ich jeden Tag Nach=
richten Ihres Sohnes von Murzuk aus entgegensehe.
Es gereicht mir zur ganz besondern Freude, daß Ihr
Sohn so außerordentlich begünstigt ist von der eng=
lischen Regierung; gegen die frühern Reisenden desselben
Unternehmens reis't er wie ein „gentleman", und wird
mit viel weniger Schwierigkeiten zu kämpfen haben, als

sie. Seine Mittel sind reichlich, der Weg ist ihm gebahnt, die Route durch die Wüste kürzer und angenehmer, eine gute Aufnahme in Kuka ihm gesichert. Kurz, — wenn Gott ihn und seine Gesundheit erhält, — so kann es nicht fehlen, daß seine Reise bald mit dem schönsten Erfolg gekrönt sein wird. In Beziehung auf seine Gesundheit muß es Ihnen und uns, seinen Freunden allen, von großer Beruhigung sein, daß er gerade am Tsad-See eintreffen wird (nach meiner Schätzung nämlich ohngefähr Anfangs October), wenn die gefährlichste Jahreszeit vorüber ist. Mittlerweile wird Dr. Barth wohl Kunde erhalten haben von seinem Kommen, sowie auch inzwischen die Vorbereitungen der Dampfboot-Expedition vorrücken werden, die am 1. Juni nächsten Jahres in dem Delta des Kowara einzutreffen Befehl hat, um auf dem Tschadda den von Barth entdeckten großen Strom Benue, den Oberlauf des letztern, zu erreichen. So wäre Aussicht, daß sich derselben Ihr Sohn im nächsten Sommer anschlösse, falls es die Umstände alsdann erheischten. Am 1. November beabsichtige ich eine Karte und Ansichten zu publiciren, zur Uebersicht der von der Expedition bis dato geleisteten Resultate. Auch Porträts der vier Reisenden werde ich geben, — das Ihres Sohnes ist mir durch die Güte des Herrn Schey geworden. Darf ich Sie nun bitten, für diesen Zweck eine biographische Notiz Ihres Sohnes mir baldmöglichst gütigst zukommen zu lassen? Für den Betrieb dieser Publikation in Deutschland, dachte ich, würde es wünschenswerth sein, einen Buchhändler in Berlin und

Hamburg (dem Geburtsort Barth's und Overweg's), sowie auch in Leipzig zu interessiren. Vielleicht, daß Sie mir Jemanden in Leipzig vorschlagen könnten, etwa Hinrichs?

Mit Hochachtung und Ergebenheit

Ihr

A. Petermann.

<hr>

London, den 22. Februar 1855.

Hochgeehrte Frau!

Ich hatte schon immer die Absicht, einige Zeilen an Sie zu richten, habe es jedoch leider von Tag zu Tag aufgeschoben; allein jetzt darf ich wohl nicht länger zögern, um so mehr, da Sie gewiß neugierig sein werden, zu erfahren, wie sich Ihr Sohn während der letzten Tage seines Hierseins befand. Seine Lage hatte sich so plötzlich verändert, sein Wirkungskreis so gänzlich umgestaltet, daß es wirklich sehr viel Takt erforderte, die vielfachen Geschäfte, die auf Edward anstürmten, zu ordnen und zu leiten, und er hat sich dabei so umsichtig und klug benommen, daß er sich die Zufriedenheit Aller erworben hat. Bis zum letzten Augenblicke war er so mit Geschäften überhäuft, daß es ihm unmöglich war, noch einige Zeilen an Sie zu schreiben; er hatte aber die Absicht, einen langen Brief auf dem Schiffe an Sie zu richten, und Sie können in einigen

Tagen (vielleicht über Lissabon) ein Schreiben erwarten. Edward reiste am 20sten von Southampton mit dem Dampfschiffe ab, doch verließ er London schon am Abend vorher, begleitet von den besten Wünschen seiner vielen Freunde und Gönner; Prinz Albert, Lord John Russel, Brown, Murchison, Hooker, Sabine, Petermann, und der größte Theil der hiesigen Gelehrten haben mit so viel Wärme Ihren Edward unterstützt, und so viel An= theil an seiner Reise genommen, daß Sie wohl stolz darauf sein können, einen Sohn zu haben, der nicht allein das Interesse solcher Männer zu erregen im Stande war, sondern auch einen Muth zeigte, der die Bewun= derung eines Jeden hervorrufen muß. Daß wohl Keiner in London Edward mehr vermißt als ich, brauche ich kaum hinzuzufügen. Es verging keine Woche, in welcher wir uns nicht ein paar Mal sahen, und hätte ich eigennützig sein wollen, so hätte ich ihn schon deshalb überreden mögen, hier zu bleiben; allein die glänzen= den Aussichten, die Edward bevorstehen, mußten jeder Herzensneigung ein kaltes Schweigen gebieten und nur die Vernunft reden lassen. Es ist nicht zu verhehlen, daß ein tropisches Klima gefährlicher ist als das unsrige, allein man muß nicht vergessen, daß Edwards Beschäf= tigung in unserem Klima keineswegs zu den gesundesten gehörte; das fortwährende Nachtwachen konnte nur nach= theilige Folgen auf Edwards Körper ausüben und war ihm vielleicht eben so schädlich, vielleicht noch schädlicher, als das Reisen im Innern Afrika's. Außerdem muß man nicht vergessen, daß das Innere eines Landes nie

so ungesund ist als die Küstenstriche, und dieses ist haupt=
sächlich in Afrika der Fall. Endlich ist Edward außer=
ordentlich solid, er ist ein Feind aller Ausschweifungen,
die so oft den Menschen ins Verderben führen, er trinkt
nicht, er raucht nicht, er ist kurzum — weise, was ihm
ganz besonders zu Gute kommen wird in einem heißen
Lande. Wenn ich daher Edwards Reise von dieser Seite
betrachte, so drängt sich mir die Ueberzeugung auf, daß
wir ihn gesund und munter wiedersehen werden, gekrönt
mit Ruhm und begünstigt vom Glück. Es ist nicht
unwahrscheinlich, daß ich bald einmal Leipzig besuche,
und hoffe dann das Vergnügen zu haben, Sie wohl
und munter anzutreffen, Ihr Schicksal so tragend, wie
es der Mutter eines solchen Sohnes geziemt.

Ihr

treuergebenster
Berthold Seemann.

Charlottenberg bei Heidelberg, den
23. December 1857.

Hochgeehrter und werther Herr Director!

Sie sind gewiß überzeugt gewesen, daß mein Herz
diese ganze Zeit über bei Ihnen gewesen ist, und den
Schmerz Ihres Vaterherzens mitgefühlt hat. Indem ich
Ihnen jetzt einen sehr merkwürdigen Bericht des treff=
lichen bayrischen Reisenden Freiherrn v. Neimans aus

Alexandrien zusende, möchte ich nicht täuschenden Hoff=
nungen für uns zu großen Raum geben: aber es ist
doch erst ein Strahl von Hoffnung da, und wir müssen
Alles thun, um zu sehen, ob er uns nicht zu größerem
Lichte führt. Ich sende heute einen Auszug des Briefes
an Lord Clarendon, mit dem dringenden Ersuchen, die
englischen Consular=Agenten zu ermächtigen, dem deut=
schen Reisenden allen möglichen Vorschub zu leisten,
Behufs Ihres unvergeßlichen Sohnes, falls sich noch
etwas für ihn thun läßt. Ich habe Baron v. Neimans
geschrieben, daß ich nicht zweifle, Lord Clarendon werde
die nöthigen Weisungen erlassen und die englischen Be=
hörden werden von ihrer Seite Alles thun. Kein Löse=
geld wird zu groß sein! Meine Bitte geht dahin, daß
Sie den Brief, nachdem Sie ihn gelesen, und, wenn
Sie wollen, davon Abschrift genommen, Herrn Dr. Peter=
mann in Gotha zusenden, und ihm in meinem Namen
anheimstellen, denselben mit Auslassung der sich auf mich
persönlich beziehenden Stellen, in seinen vortrefflichen
monatlichen Mittheilungen abzudrucken. Was ich von
Lord Clarendon etwa vernehme, werde ich Ihnen so=
gleich mittheilen. Unterdessen tröste Sie und die Ihrigen
Gott mit seinem ewigen Trost, an den bevorstehenden
Festtagen!

Mit meiner hochachtungsvollen Ergebenheit

Bunsen.

Berlin, 6 Schellingstraße, den 22. Januar 1859.

Verehrte Frau Polko!

Ihr liebes, mir überaus werthes Schreiben erinnerte mich nur zu lebhaft an meine Schuld, die ich dem rüstigen Forscher, unserem gemeinsamen Freunde, dem lieben Eduard, nicht abgetragen habe. Bei unserer Trennung nämlich, im Januar 1855, gerade heute vor vier Jahren, machte er es mir zur besonderen Pflicht, Ihnen, verehrte Frau, seiner vielgeliebten Schwester, einen Besuch zu machen. Dazu bin ich nun immer noch nicht gekommen, hoffe jedoch einmal das Glück zu haben, Ihre ersehnte Bekanntschaft zu machen, und werde Ihre so freundliche Einladung nicht vergessen. Allerdings weiß ich selbst noch nicht, wann ich nach oder durch Minden kommen werde, da ich für's Erste nicht daran denke, nach England zurückzukehren. Ihren verehrten Herrn Vater hatte ich noch das Glück, am letzten September in Dresden zu sehen, und war hoch erfreut, ihn so gefaßt und ruhig alle Wendungen des Schicksales Ihres verehrten Bruders überblicken zu sehen, und auch Sie scheinen über das ruhmvolle Geschick Eduards beruhigter zu sein. Gewiß ist es das neidenswertheste Loos, das einem strebenden Manne in seiner Jugendkraft aufbehalten ist, und die Herzen Aller fliegen ihm zu. Indem ich Sie, verehrteste Frau, und Ihren Herrn Gemahl meiner wärmsten Hochachtung versichere und Ihnen meinen herzlichsten Dank ausspreche für die lebendige Theilnahme, die Sie mir und meinen Leistungen gewidmet haben, bleibe ich in aufrichtiger Ergebenheit ganz der Ihrige

Heinr. Barth.

Auszug

aus dem Briefe des Königl. Bayrischen Kammerjunkers Freiherrn v. Neimans, Dr. jur., an Se. Excellenz Herrn v. Bunsen.

Alexandria, den 20. November 1857.

— In arabischer Tracht, von zwei mohamedanischen Dienern begleitet, galt ich selbst als ein tunesischer Pilgrim, und im Verkehr mit den übrigen Pilgern gelang es mir, eine Menge von nützlichen Notizen und Anhaltpunkten zu sammeln, indem ich vorgab, von Djedda über Jouakin, Dorfor und Wadai nach meiner Heimath zurückkehren zu wollen. Meine Fragen und Erkundigungen in dieser Richtung mußten natürlich auf die Route unseres unglücklichen Reisenden Vogel stoßen, von welchem schon zur Zeit meiner Abreise von Kairo so beklagenswerthe Nachrichten über Tripolis eingelaufen waren. Es gelang mir, mehre Pilger aus Wadai und den umliegenden Ländern aufzufinden, welche von der Reise des Christen gehört, und, wenn auch unvollkommene, so doch berücksichtigungswerthe Nachrichten brachten. — Die erste Nachricht erhielt ich von Schech Abdallah Auwad. Dieser, etwa 28 Meilen südlich von

Wara aus dem Tribut der Mufielet, hatte von den Reifen des Christen Abd el Wahed (so nannte er Vogel) am Fitrifee, Medoga, Wadai und schließlich seiner An= kunft in Wara bei Sultan Sherif gehört. Die Zeit dieser Ankunft versetzte er in den Monat November. Dort soll Abd el Wahed in der Stadt Wara gewohnt, und in zahlreichen Ausflügen nach der Umgegend das ganze Land „aufgeschrieben haben“. Unweit der Stadt befinde sich ein heiliger Berg, welchen nur der Sultan das Recht habe zu besteigen; auch das unterhalb des= selben liegende Gebiet sei nur für große Schechs zugäng= lich, und kein anderer Landeseingeborener dürfe dasselbe betreten. In der Nähe dieses Berges und um denselben sei Vogel oftmals und lange, ungehorsam den Warnun= gen, gegangen und habe hierdurch das Mißtrauen der Wächter erweckt, welche ihn eines Tages überfallen, ge= fangen und seitdem in Ketten geworfen hätten. Eine Tödtung desselben soll nicht erfolgt sein. Zwei andere Neger aus dem Wadai bestätigten im Allgemeinen die Wahrheit dieser Erzählung, jedoch konnten sie bei ge= ringerem Grade von Kenntnissen und geistigen Anlagen durchaus keine weiteren Aufschlüsse über Land und Leute geben. Von Sultan Sherif sagten sie, daß er ein harter und geiziger Mann sei. Einen anderen, bei Weitem intelligenteren Erzähler fand ich bei meiner Rückkunft nach Kairo · in der Person des Seid Mohammed il Schingidi. Er selbst, in Wara bekannt, beantwortete meine Fragen über das Schicksal unseres heldenmüthigen Reisenden mit genaueren Details. Leider scheinen sich nach diesem die unglücklichen Nachrichten des Schech Abdallah in gesteigertem Maße zu bewahrheiten. Den ganzen Vorfall wie Ersterer berichtend, bezeichnet er den sogenannten „heiligen Berg" mit dem Namen Djebel it driat. Auf der Spitze desselben befindet sich eine große Gupa mit weiß übertünchten Steinen, um welche herum drei kleinere Gebäude derselben Art erbaut sind. Der Berg und die Gupa, stets unbewohnt, werden nur bei einem Thronwechsel von dem neuen Sultan erstiegen, welcher dort eine bestimmte Anzahl von Stunden, bis zum Aufgange oder Untergange eines gewissen Gestirnes, zuzubringen hat, um dann herabzusteigen und in feier= lichem Geleite in die Stadt Wara zurückzukehren, und als rechtmäßiger Herrscher bewillkommnet zu werden. Niemand außer ihm hat jemals das Innere der ge= heiligten Gupa gesehen, und nur drei gewisse Schechs besitzen die Schlüssel zu den kleinen Gebäuden. Der Berg und eine geringe Umgebung, geheiligt, werden von keinem Moslim betreten, viel weniger könnte ein Christ einen derartigen Versuch ungestraft wagen. Die Be= wohner des Landes schildert er als roh und gewalt= thätig. Die Ankunft des Christen Abd el Wahed habe ihren fanatischen Moslims nur wenig Freude verursacht, und dessen Spaziergänge in und außerhalb der Stadt seien ihnen im höchsten Grade unangenehm gewesen. Als man bemerkt habe, daß die meisten derselben haupt= sächlich in die Umgegend des heiligen Berges sich ge= richtet, und er dort mehrmals schon am frühen Morgen gesehen wurde, sei die mit der Bewachung des heiligen

Berges beauftragte Mannschaft, hiervon unterrichtet, ihm nachgeschlichen, und habe ihn überfallen und gefangen, um ihn zu tödten. Bis hierher bleibt Seid Mohammed bei wiederholten Unterhaltungen, welche ich mit ihm über diese Vorfälle gepflogen, seiner Erzählung stets getreu. Die Art und Weise aber, in welcher der Tod des un= glücklichen Vogel erfolgt sei, berichtet er mit sichtbarem Zweifel, indem er bald angiebt, die Soldaten des Sul= tans hätten denselben aus eigener Machtvollkommenheit erschlagen, bald sagt, daß dieselben den Gefangenen vor den Sultan gebracht, und dieser die Tödtung im Ge= fängniß befohlen habe. Mir schien es oft, als ob der sonst so gewandte Mann in diesem letzten Theile seiner Erzählung eine gewisse Befangenheit habe; meine Fragen über nähere Details schnitt er stets mit dem einzigen Worte „Katalouhu", „sie tödteten ihn," kurz ab. Den Charakter des Sultans Sherif beschrieb er als höchst ungerecht und herrschsüchtig. Der hervorstechendste Zug desselben sei Habsucht, er besitze viele Flinten und Ka= nonen und fürchte seine Grenznachbarn gegen das innere Afrika eben so wenig wie die Engländer, und deshalb habe er sich nicht zu scheuen, wenn in seinem Lande ein Inklis (Engländer) ermordet würde. Nur mit Hussein, dem Herrscher von Darfor, suche er Freundschaft. Dieser letztere Umstand ist jedoch, wie ich aus früheren Erzäh= lungen meiner Djedda = Freunde erfahren, nicht ganz wahrheitsgemäß, vielmehr bestehen gerade im gegenwär= tigen Momente zwischen Darfor und Wadai Besitzstrei= tigkeiten, welche sehr wenig zu Gunsten des Sultans

Hussein zu enden scheinen. In Folge dessen trat das unglückliche Absperrungssystem Darfors gegen Egypten ein, und das Verbot des Karawanenzuges über Dongola, welches so lange aufrecht erhalten worden ist und das ganze Land bis heute allen europäischen Forschungen entzogen hat. — Den Tod unseres vortrefflichen Dr. Vogel dem Sultan oder dessen Leuten zuzuschreiben, ist möglicherweise nur ein Ausfluß persönlicher Abneigung Seid Mohammed's. Die Widersprüche und Unbestimmtheit über dessen Todesart, und die bestimmten Versicherungen des Gegentheils durch Schech Abdallah scheinen mir aber nicht ohne Berücksichtigung für das etwaige Schicksal Dr. Vogel's zu sein, und der so hervorstechende Charakterzug des Sultans Sherif, die Habsucht, lassen mir immer noch gegründete Hoffnung, daß derselbe, wie Schech Abdallah sagte, nicht ermordet, sondern nur gefangen ist. Daß Sherif einen Mann getödtet haben soll, für dessen Leben er bei seiner steten Verbindung mit Tunis und Tripolis von England ein bedeutendes Lösegeld erhalten konnte, wäre bei dem stets berechnenden Charakter eines Orientalen erstaunlich. Wenn er es gethan hat, so geschah es sicherlich nur aus Furcht vor dem Fanatismus des Volkes, aber dann würde die Tödtung nicht, wie Seid Mohammed sagt, im Gefängniß, sondern öffentlich vor dem Volke geschehen sein. Daß sich solches nicht ereignet und die über Tripolis nach Europa gelangte Nachricht einer Enthauptung auf öffentlichem Platze eine Lüge ist, hat sich bereits erwiesen. Die Hoffnung, daß Vogel nur im Gefängniß

bis zur Beruhigung des rasch vergessenden Volkes ver=
borgen sei, scheint mir nach alle diesem nicht unmöglich,
ja sogar wahrscheinlich. — — — — — — — —

Briefe Alexander von Humboldt's an den Vater Eduard Vogel's.

Erster Brief.

Berlin, 14. December 1854.

Wie soll ich Ihnen genugsam danken, theuerster Herr
Doctor, für die freundliche Sorgfalt, mit der Sie mir
eine so wichtige und dabei tiefe Trauer erregende Nach=
richt so früh mittheilen! Ich theile einen Schmerz, der
in Ihrer Familie bei dem edlen Entschlusse Ihres Sohnes
(von dem ich einen lieben Brief aus Murzug über das
Sternschwanken hatte) ernste Betrachtungen angeregt.
Gott schütze uns diesen! Ich habe Ihren Brief gleich
an Ritter gesandt und werde dem König in einer Stunde
in Charlottenburg einen Auszug vorlegen. Die Nach=
richt wird auch ihn tief betrüben. Nach Petermann's
neuester Karte zu des Missionärs Köthe afrikanischen
Sprachtabellen sind in gerader Linie von Timbuktu bis
Sakatu Nordwest nach Südost 142, von Sakatu nach
Kuka von West nach Ost 120 geographische Meilen.
Der unglückliche Barth hatte also über die Hälfte seiner

Reise zu Ihrem Sohne vollbracht. Wird dieser, nachdem er die Papiere des Hingeschiedenen gerettet (?) hat, nun doch allein den Chadda zum Niger hinunter gehen, wo das englische Dampfboot liegen soll?

Mit der ausgezeichnetsten Hochachtung

Ew. Wohlgeboren

gehorsamster

A. v. Humboldt.

Zweiter Brief.

Berlin, den 30. April 1855.

Ich kann Ihnen, verehrter Herr, nicht lebhaft genug die freudigen Empfindungen ausdrücken, welche Ihre liebenswürdigen tröstlichen Zeilen hier im Publikum, in den wissenschaftlichen Vereinen und am Hofe in Charlottenburg angeregt haben. Wie wunderbar und wohlthätig sich Alles löst, und welche Eindrücke müssen Ihrem vortrefflichen Sohne bei der ersten Zusammenkunft mit Dr. Barth geworden sein. Von Ihrem Sohne werden wir die eigentlichen, sichersten Früchte des großen Reise-Unternehmens, die astronomisch = geographischen Orts-bestimmungen, wie (bei der schönen Mannichfaltigkeit seines Wissens) einen Ueberblick der Vegetation von Inner=Afrika erhalten. An Pflanzensammlung für Herbarien wird, bei der Art zu reisen, freilich kaum zu denken sein: aber das lebendige Wort eines talentvollen jungen Mannes (so hat ihn mir Bunsen geschildert) und eine Verallgemeinerung der Ideen von der Naturauffaſſung wird nicht bedeutungslos bleiben. So habe ich, der Greis, seit Seetzen und Hornemann Alles selbſt erlebt.

Empfangen Sie meine innigſten Glückwünſche für Ihre Familie, den Ausdruck meiner dankbarſten Hoch= achtung.

Ew. Wohlgeboren

gehorsamſter

A. v. Humboldt.

Dritter Brief.

Berlin, den 23. Februar 1857.

Verzeihen Sie, verehrter Herr Director, daß ich ſo ſpät erſt meinen innigen Dank darbringe für Ihre ſo überaus freundlichen Zeilen und für die neue Gabe, Frucht Ihres erfinderiſchen Scharfſinnes. Ich bin über= zeugt, daß dieſe unbeſchriebenen namenloſen Wandkarten die plaſtiſche Geſtaltung der Erdoberfläche der Jugend tief ins Gedächtniß einprägen, zur Verbreitung geogra= phiſcher Kenntniſſe im Unterrichte von herrlichem Ein= fluſſe ſein werden. Wen könnte dieſer Ihnen gebührende Fortſchritt in plaſtiſcher Erkenntniß lebhafter intereſſiren als mich, der ich mich gern rühmen möchte, in meinem großen Atlas von Mexico die erſte Profildarſtellung ganzer Länder geliefert zu haben. Sie ſind zu benei= den, da Sie, theuerſter Herr Director, auf zweifache Weiſe Ihren Namen zu ehren wiſſen, durch Ihre eigenen Arbeiten und die aufopfernde Kühnheit Ihres edeln

Sohnes. Nach neuen Nachrichten aus England ist ja wohl Hoffnung, daß auch Sie bald uns werden frohe Nachrichten geben können.

Mit der ausgezeichnetsten und freundschaftlichsten Hochachtung

Ew. Wohlgeboren

gehorsamster

A. v. Humboldt.

Vierter Brief.

Berlin, 18. September 1857.

Es ist mir, verehrter Herr, eine so innige Freude, mich vor dem Publikum des Vertrauens rühmen zu dürfen, das Sie auf mein tiefes Mitgefühl des Schmerzes über die Schicksale Ihres herrlichen Sohnes setzen, daß ich schon heute Abend die Gewißheit habe, ein Auszug aus Ihrem lieben Briefe an mich, und die Uebersetzung des Ausschnittes aus dem Globe, werde morgen früh in der Spenerschen, mehr wissenschaftlichen, vielgelesenen Zeitung erscheinen. Ich habe die Nachricht von meinem eigenen Tode in mehreren französischen Blättern noch mehrere Tage nach meiner Ankunft aus Mexico in Bordeaux selbst gelesen, und bin daher mehr als Andere geneigt, Hoffnungen nicht so leicht aufzugeben. Ich eile, das kleine, mir theure Blättchen Ihnen, edler Freund, zurückzusenden. Die Nachricht des Sultans von Borgu ist ja aus Wara selbst: he sent of two courur to Wadai ... Wie sollte nicht die Nachricht von einer grausamen Tödtung, einer öffentlichen, in einem Lande, wo so wenig Weiße gesehen werden, sich nicht verbreitet haben? Ich verharre in der Hoffnung. Verehrungs= und Sehnsuchtsvoll

Ihr

gehorsamster

A. v. Humboldt.

Meine physischen Kräfte sind sehr im Schwinden, nicht mein Muth. Ich werde im October endlich die erste Abtheilung des vierten Bandes meines Kosmos (an 40 Bogen) erscheinen lassen.

Fünfter Brief.

Berlin, den 27. December 1857.

Nächst der Freude, die mir geworden ist, seit vier Tagen sehr in dem Glauben an eine vollständige all= mälige Herstellung der Gesundheit unseres vortrefflichen Königs gestärkt zu sein, konnte mir, verehrter Freund, keine größere werden, als die, welche mir Ihr gestriger Brief gebracht. Wie sollte eine große blutige öffentliche Begebenheit in einem Lande, wo der Besuch von Weißen so selten ist, den Pilgern unbekannt geblieben sein, wie der Hochmuth des Sultans bei einer solchen Veran= lassung sich nicht vorherrschend zeigen. Ich habe gestern Ritter mit der Nachricht beglückt, heute bringe ich sie nach Charlottenburg, dem kranken König, wenn er mir, wie ich hoffe, zugänglich ist. Nicht ein Mal, wohl acht Mal, haben seit Wochen König und Königin mich über das Schicksal Ihres kühnen, edeln, sich der Wissenschaft auf=

opfernden Sohnes befragt. Auch wird es den kranken König besonders erfreuen, daß wir diesen Trost dem Ritter Bunsen verdanken, der ein ganz besonderer Gegenstand der Vorliebe des Königs geblieben ist. Sein Einfluß und die Thätigkeit des Lord Clarendon werden fortdauernd helfen. Ich bitte nur aus Bescheidenheit nicht um Abschrift des Briefes. Es ist ein Schreiben, das für den vortrefflichen Dr. Petermann bestimmt ist. Es könnten mit dem anziehenden Briefe so leicht Indiscretionen vorgehen. Empfangen Sie, hochverehrter Herr Director, und Ihre theure, so lange trauernde Gattin den Ausdruck meiner dankbaren herzlichen Anhänglichkeit.

A. v. Humboldt.

Sechster Brief.

Berlin, Freitags Vormittag,
4. Juni 1858.

Allerdings sind die Anlagen an Batson nicht blos für das Elternherz, sondern auch für Alle, die, wie der kranke König und ich selbst und alle meine Freunde, den wärmsten Antheil an diesem Unglück nehmen. Ich kenne persönlich den vortrefflichen Consul Herman in Tripolis, er hat mich einst in Potsdam besucht. Ich bin von seiner Thätigkeit überzeugt, sowohl um Nachricht von der Existenz, als auch Besitz des geretteten Tagebuchs zu erlangen. Wo Ungewißheit herrscht, bleibt allerdings noch Hoffnung. Lassen Sie uns nicht verzweifeln. Es wäre zu früh. Mir bleibt auch noch Hoffnung für den

verlorenen Schlagintweit in Jerkand (chinesischen Tur=
kestan). Ich bringe die wenigstens augenblicklich auf=
richtenden Nachrichten dem so theilnehmenden König und
der Königin soeben nach Sanssouci. Ich habe nur noch
20 Minuten bis zur Eisenbahn, muß eilen, Ihnen die
kostbaren Originale zurückzusenden und Ihnen, verehrter
Freund, und Ihrer theuren Gattin meinen innigsten
Dank auszusprechen.

A. v. Humboldt.

Siebenter Brief.

Berlin, den 7. November 1858.

Theurer, hochverehrter Mann!

Was mir heute auf Befehl von Lord Malmesbury
unmittelbar von dem Consulat zu Tripoli gesandt ward,
hat in sofern großes Interesse, weil es das beruhigendste
Zeugniß darbietet, daß man kein denkbares Mittel un=
versucht läßt, um endlich eine sichere Nachricht durch den
Chef der Tuariks zu schaffen. Der Vorschlag: die Ge=
fängnisse von Wadai untersuchen zu lassen, ist sicher,
aber freilich nicht viel versprechend. Wenn keine Geld=
ersparniß, wird nichts scheitern.

Lassen Sie uns, rufe ich Ihnen und der theuren
trostlosen Mutter zu, ja lassen Sie uns noch nicht an
Gottes und durch ihn an der Menschen Hülfe verzwei=
feln. Der kranke König, wenn er von Tegernsee zu=

rückgekehrt, wird die Nachrichten über Ihren Sohn gern vernehmen.

Ihr

treuer

A. v. Humboldt.

Achter Brief.

Berlin, Mittwoch), 25. August 1858, Nachts.

Verehrter Herr!

Ein Schmerz, den man innigst theilt, erhöht das Freundschaftsgefühl: auch ohne Ihren theuren Brief vom 19. August würde ich die Gelegenheit nicht versäumt haben; aber was ganz aus eigenem Antrieb für den vermißten Adolph Schlagintweit in Bombay vorgefallen ist, wie Sie in der Haude- und Spener'schen Zeitung von demselben Tage (19. August) gelesen, gleich nachdem ich Ihren herrlichen Eduard in einem Artikel über „Bonpland" (Zeitung vom 13. Juli) klagend erwähnt, hat Alles in größere Förmlichkeit gebracht. Ich komme soeben von Potsdam, habe einen vier Seiten langen ausführlichen Brief selbst an Lord Malmesbury gebracht, und da ich um 2 Uhr zum Déjeûner en famille nach Babelsberg geladen wurde, so habe ich dort die ferneren mündlichen Bitten vorgelegt. Ich sage die mündlichen, denn wenn ich gleichzeitig an den Prinz-Gemahl und an den Minister der auswärtigen Angelegenheiten geschrieben hätte, so würde der Schritt bei dem Letzteren geschwächt worden sein. Ich habe an Malmesbury ge

schrieben, der mich zuerst schon besucht hatte und mit dessen
politisch berühmteren Großvater ich viel in Frankfurt a. M.
1794 (über den Herrn v. Hardenberg, als unsere Trup=
pen in englischem und französischem Sold standen) zu
thun gehabt. Diesen Morgen war mein Brief leserlicher
als dieser geschrieben. Ich erinnerte daran, da ich aus
der aus Marseille an mich gerichteten telegraphischen De=
pesche erfuhr, daß auf Befehl von Sir John Lawrence
in Mitte Juli von Simla aus unter Commando von
Lord William Hay nach dem chinesischen Turkestan eine
eigene englische Expedition abgegangen sei, um Nach=
richt von Adolph Schlagintweit zu geben, der laut einer
in England eben angekommenen Zeitung vor Delhi, nicht
in einem Aufruhr in der großen Handelsstadt Seryand,
ermordet sei, — eine Thätigkeit, die bei dem Ruhen
anderer Sorgen nicht genug zu preisen sei, — so sei es
nun doppelt Pflicht, ernsthaftere Schritte für Eduard in
Wadai zu thun. Eine Militär=Expedition ist unthun=
lich, aber Lord Malmesbury hat mir das heiligste Ver=
sprechen gegeben, neue Befehle an den Consul in Tri=
polis zu geben, damit hinter einander Eilboten recht
geschickter Art tief in Wadai ausgeschickt werden, daß
man keine Kosten für einen so menschlich und wissen=
schaftlich wichtigen Zweck schonen solle. Lord Malmes=
bury hat noch dazu unaufgefordert versprochen, er werde
dem Consul in Tripolis (Herman?) Befehl geben, damit
Sie und Ihre theure Familie früher beruhigt werden
könnten, nicht zuerst nach England, sondern gerade=
zu an mich zu berichten. Ich habe natürlich nicht

unterlassen, auch dem kranken Könige Mittheilung zu machen. Alles dies habe ich beim Frühstück bei der Königin Victoria und dem Prinz-Consort und bei Lord Bloomfield, der zunächst den englischen Hof den Sonnabend früh (28. August) zurückbegleitet, wiederholt. Prinz Albert hat nach dem Frühstück sich Bleistift und Papier kommen lassen, und ich habe ihm die Hauptdaten dictirt. Sie sehen, theurer Director, daß alle Ihre Wünsche und die Ihrer edlen Gattin erfüllt sind. Der Trost wird uns von oben kommen. Ich erfülle eine süße Pflicht und bin nicht ohne Hoffnung. Ich las ja selbst noch, in Paris schon angekommen, meinen Tod in der Südsee, und als ich beim Duc de Crillon eines Abends ins Zimmer trat, und nach Pariser Sitte mein Name an der Thür ausgerufen wurde, hörte man einen Schrei und eine Dame fiel in Ohnmacht. Diese Dame war Madame de Lapeyrouse, der mein Name, wie eines nach Jahren Wiedererschienenen, das Andenken an den Gatten und den Schmerz um ihn erneute.

Mit treuer Anhänglichkeit und Freundschaft

Ihr

A. v. Humboldt.

Leipzig, den 10. October 1859.

Gestern sind zuerst directe officielle Mittheilungen vom General-Consulat in Tripolis an Herrn Baron v. Humboldt in Betreff der weiteren Nachforschungen nach dem Schicksal Eduard Vogel's in Wadai — datirt vom 22. October — hierher gelangt. Wir theilen die Depesche ihrem ganzen Inhalte nach mit. „Excellenz! In Folge der neuesten Befehle des Lord Malmesbury habe ich die Ehre, Ew. Excellenz das, was neuerdings in Betreff des unerschrockenen Reisenden Dr. Vogel ge= schehen ist, zu berichten. Da wir bis zum 27. März d. J. keine bestimmte Nachrichten über den Doctor er= halten hatten, wurde ein officieller Courier von Murzuk an den Sultan von Bornu abgesandt, sowie gleichzeitig an die Chefs der Tuariks von Aïer mit Briefen, worin man sie auf's Dringendste um ihren Beistand gebeten, falls der Reisende noch am Leben und etwa gefangen, keine Mühe zu scheuen und keine Kosten zu sparen, seine Befreiung zu bewirken, sofern er aber nicht mehr lebe, die Thatsache seines Todes festzustellen und sich in den Besitz seiner Papiere zu setzen. Um aber nach Bornu zu gelangen und Antwort von dort zurückzubringen, erfordert nicht viel weniger als zwölf Monate Zeit, so daß Ew. Excellenz versichert sein dürfen, wir haben die Nachrichten, nach denen wir uns selbst so sehr sehnen, noch nicht erhalten können. Nichtsdestoweniger habe ich bereits auf's Neue an den Vice-Consul Ihrer brit. Maj. in Murzuk Verfügung erlassen, nichts unversucht zu lassen in dieser Angelegenheit, die uns selbst so sehr am Herzen liegt, wie Ew. Excellenz aus der in Abschrift beiliegenden Depesche sich überzeugen können. Ferner habe ich eine Berathung gepflogen mit einigen, besonders einsichtsvollen Bewohnern des Fezzan, welche augenblicklich sich hier aufhalten und einstimmig der Meinung sind, daß das einzige Mittel, über Vogel's Schicksal unzweifelhafte Gewißheit zu erlangen, sein würde, entweder einen Kaufmann von Gadron (südlich von Murzuk gelegen) oder einen Scherif nach Wadai abzusenden, da beide dort großes Ansehen und Einfluß genössen. Dieses habe ich schon Sr. Excellenz dem Lord Malmesbury mitgetheilt, und sehe dessen weiteren Befehlen entgegen. In Stellvertretung des in England abwesenden General-Consuls Herman: R. Reade." — Die im Vorstehenden ausgezogene Depesche an den englischen Vice-Consul in Murzuk schärft diesem aufs Dringendste ein, keine Maßregel zu versäumen und keine Kosten zu scheuen, wann und wo irgend eine Gelegenheit sich biete, nähere Nachricht über den kühnen Reisenden zu erlangen. Dem Allen fügt Consul Reade in einem Privatschreiben an Herrn v. Humboldt noch Folgendes bei: „Es schmerzt uns Alle gar sehr, daß unsere Bemühungen, Gewißheit über das Schicksal unsres theuren Freundes — denn das war Vogel uns Allen, die wir ihn hier kennen lernten, geworden — zu erlangen, bis jetzt so ganz erfolglos geblieben sind. Doch ist noch immer möglich, daß der im März d. J. abgeschickte Courier uns noch Kunde bringt, da die Briefe, mit welchen er betraut worden, sehr dringend (very strong) waren. Uebrigens dürfen Sie versichert sein, daß wir nicht verfehlen werden, jeden nur erdenklichen Weg einzuschlagen, ihn, wenn er noch am Leben, der Welt und der Wissenschaft zurückzugeben, und sollte er es unglücklicher Weise nicht mehr sein, wenigstens in den Besitz seiner werthvollen Papiere zu gelangen und über sein endliches Geschick etwas Sicheres zu erfahren. Möge Gott unsere innigen Wünsche erfüllen! Wenn das Gouvernement mich dazu ermächtigt, werde ich einen zuverläsſigen Mann zu finden suchen, der wo möglich die Gefängniſſe in Wadai durchforschen soll" u. ſ. w. — Der ehrwürdige Veteran deutſcher Wiſſenſchaft aber, an welchen die Mittheilungen auf ausdrückliche Anordnung des engliſchen Miniſteriums gerichtet ſind, beförderte, obgleich noch krank, dieselben unter Beifügung eines ſehr freundlichen Schreibens (ſ. S. 209, ſiebenter Brief) an den Vater Eduard Vogel's.

Bericht über Beurmann und Eduard Vogel,

der Nationalzeitung vom 30. November 1862 entnommen.

Ein langer, höchſt ſonderbarer, halb officieller, halb privater Artikel in der „Malta Times" vom 13. d. M., überſchrieben „Rumours from Central-Africa", ſcheint in umſtändlicher Weiſe die Quelle der ſchon vor mehreren

Tagen durch die Zeitungen gelaufenen kurzen Notiz aus
Malta über den wahrscheinlichen Tod des Herrn v. Beur=
mann und die Möglichkeit des noch am Lebenseins
Dr. Vogel's zu enthalten. Da dieser Artikel nur zu
sehr geeignet ist, die größten Besorgnisse wegen des
Schicksals des Ersteren zu erregen, sehe ich mich veran=
laßt, zu versuchen, auf demselben Wege, auf dem sie
verbreitet worden, die Nachricht auf das, was sie wirk=
lich ist, zurückzuführen. Die Sache verhält sich so. Am
24sten September, also vor zwei Monaten, trifft ein
mysteriöser Mensch, halb Araber unter dem Namen Eli=
man, halb Italiener als Francesco Silemi, beim eng=
lischen Vicecónsul Mr. Charles Tulin in Benghazi an
der Nordküste Afrika's ein, und giebt vor, er habe eine
briefliche Empfehlung oder Mittheilung von dem Reisen=
den Herrn v. Beurmann, den Brief aber habe er augen=
blicklich nicht bei sich, sondern habe ihn in den Händen
eines Reisebegleiters gelassen, der erst am folgenden Tage
eintreffen werde. Beurmann habe ihm (in Murzuk) vier=
hundert Dollars geboten, ihn über Bornu nach Wadai
zu geleiten, er aber habe das Anerbieten ausgeschlagen,
weil er wisse, daß Wadai und Bornu verfeindet seien,
und daß sie sicherlich ermordet werden würden, wenn
sie jenes Land auf diesem Wege zu erreichen suchten.
Dabei drückte er seine Meinung aus, daß Beurmann
zur Zeit schon in Wadai angelangt sein würde, wenn
er nicht, was ihm wahrscheinlicher sei, auf dem Wege
ermordet worden. Seine Geldmittel übrigens habe der
Reisende gänzlich verbraucht, und auch der schwarze

Diener, den er nach Tripoli abgeschickt hätte, habe ihn
stark bestohlen. Bei so eigenthümlich persönlichen Aus=
sagen gab sich Sliman dem Vice=Consul als einen, aus
Konstantinopel wegen Mordes verbannten, Italiener zu
erkennen, der zur Strafe in Ketten bis nach Wadai ge=
schickt worden sei, von wo aus er die benachbarten
Länder, besonders Begirmi und das Tebu=Land, besucht
habe. In Begirmi habe er vor zwei Jahren einen
christlichen Gefangenen Namens Abd el Kerim gesehen,
der sich mit ihm in Verbindung zu setzen versucht habe.
Solche Aussagen eines mysteriösen Boten mußten natür=
lich das Interesse des englischen Vice=Consuls rege machen,
zumal da er sich persönlich auf das Aufrichtigste für
Herrn Beurmann interessirt, den er längere Zeit als
seinen Gast bewirthet und herumgeführt hatte, und be=
sonders begierig war er wohl auf den Inhalt des ver=
sprochenen Briefes. Als aber der folgende Tag kam, der
25. September, erschien allerdings Sliman mit seinem
nun gleichfalls eingetroffenen Begleiter oder, wie wir
ihn nennen wollen, Kumpan — denn als einen solchen
Spießgesellen einer Gaunerei glauben wir diesen Reise=
gefährten sicher bezeichnen zu können. Letzterer aber er=
klärte, er habe den Brief Beurmann's unterwegs ver=
loren. Während nun dermaßen das persönliche Inter=
esse Beurmann's zurücktrat, ward die ganze Angelegen=
heit, das Aufsuchen des so lange verschollenen Dr. Vogel,
welches die erste Veranlassung zur Reise gegeben hatte,
in den Vordergrund geschoben, und der mysteriöse Sli=
man erbot sich selbst, auf einem anderen Wege, als dem

von Beurmann eingeschlagenen, den gefangen gehaltenen
Christen, den er, wie vorgegeben, noch vor zwei Jahren
in Begirmi gesehen habe, aus dem Gefängniß zu be=
freien. Zu dem Zwecke solle, außer einer Belohnung
von hundert Pfund Sterling nach glücklich vollbrachtem
Unternehmen, gleich jetzt die Summe von vierzig Pfund
Sterling auf seine Ausrüstung verwandt werden. Bei
diesem Antrag gab er sich für so arm aus, daß er gleich
von vornherein eine Geldunterstützung beanspruchte. Diese
eigenthümlichen, so sonderbar motivirten Anträge moch=
ten den Consul wohl etwas stutzig machen, ja hätten ihn
vielleicht schon gleich von vornherein zu energischeren
Schritten bewegen sollen; als es nun aber verlautete,
daß gedachter mysteriöser Bote in den Weinhäusern der
Stadt (Benghazi) eine große Menge Goldstücke sehen
gelassen habe, faßte Mr. Tulin bestimmteren Argwohn
und nahm den Kumpan Sliman's in Verhör. Da
machte nun dieser Mann folgende Aussagen: Jener
Sliman sei ein wenig bemittelter Mann in Murzuk, den
er dort in Gesellschaft Beurmann's getroffen habe; denn,
obgleich er selbst (der Kumpan) ein Einwohner von
Zellah sei, (ein Ort, den Herr v. Beurmann auf seinem
Wege von Benghazi nach Murzuk passirt hat und wo
er gezwungen war, wegen neuer Kameele mehr als zehn
Tage liegen zu bleiben), so habe er doch beide, jenen
Sliman so gut, wie den Christen, erst in Murzuk kennen
gelernt. Beurmann habe nämlich mit Sliman in einem
Hause gewohnt, habe auch dann in seiner Gesellschaft
einen achttägigen Ausflug gemacht, und sei endlich mit

ihm über Bornu nach Wadai aufgebrochen, und zwar
ganz allein, da Niemand sonst den Reisenden begleitet
habe. Dann aber sei Sliman nach sieben oder acht
Tagen allein (nach Murzuk) zurückgekehrt und habe angegeben, daß er Beurmann bis an die Grenze von Bornu
gebracht habe, daß er dort aber habe nicht weiter gehen
wollen, und umgekehrt sei. Sliman habe dann ihn für
zehn Dollars gedungen, um ihn nach Benghazi zu geleiten, und habe ihn auch überredet, vor dem Consul
auszusagen, als hätte er (Sliman) ihm selbst einen
Brief von Beurmann übergeben und als hätte er diesen
verloren, während an diesen Angaben nichts Wahres
sei. Sliman sei überhaupt ein ganz verlogener Mensch
und nehme die verschiedensten Charaktere an, wie er
sich dem Einen gegenüber für einen Italiener, dem
Andern als Moslim und wieder Andern für einen
Griechen ausgebe. Genug, dieser Kumpan ließ sich in
diesem Verhör zuletzt dahin aus, daß jener Sliman den
Herrn v. Beurmann wohl in das Innere geführt und
dort beraubt, wenn nicht ermordet habe. Auf diese Aussagen hin wollte man nun sich jenes mysteriösen Sliman bemächtigen, aber es gelang ihm in Folge der verschiedenen von ihm vorgeschützten Nationalitäten zu ent-
kommen. Dies die merkwürdige Geschichte; jetzt einige
Bemerkungen zu ihrer Erklärung. In allen Briefen und
Berichten, die wir bis jetzt von Herrn v. Beurmann erhalten haben, kommt nur eine einzige Persönlichkeit vor,
auf welche jene Umstände und Aussagen irgendwie Anwendung finden zu können scheinen. Der Reisende giebt

nämlich folgenden Umstand vom letzten Tagesmarsch seiner Reise von Benghazi nach Murzuk an (gedruckt in Dr. August Petermann's „Mittheilungen", Ergän= zungsheft Nr. 8, S. 77): „Ich selbst hatte kaum das Dorf (Hadj Hadjil, 2¹⁄₂ Stunden östlich von Murzuk, der Hauptstadt Fezzans, gelegen) verlassen, als ein Reiter auf mich zugesprengt kam, der sich mir auf Italienisch als den Diener des Herrn Duveyrier (des sehr tüchtigen französischen Reisenden, der im vorigen Jahre jene Gegend bereist hat) vorstellte und mich einlud, in das Haus des= selben zu ziehen, das früher das Consulatsgebäude ge= wesen." In dieser kurzen Notiz sind bei dem Mangel anderweitiger Nachrichten die beiden im Druck hervor= gehobenen Umstände von der allerhöchsten Bedeutung; denn erstlich lernen wir aus ihr, daß dieser Mensch italienisch sprechen konnte, zweitens, daß Beurmann wirk= lich in der Folge während seines Aufenthalts in Murzuk in demselben Hause mit ihm wohnte, eben dem früheren Consulatsgebäude. Denn der Reisende sagt in seinem weiteren Bericht von seiner Ankunft in jener Stadt aus= drücklich: „Nachdem beurlaubte ich mich (vom Kaima= kam) und ritt nach dem Consulatsgebäude." Wir haben also hier wirklich nach den Angaben des Reisenden selbst einen Menschen, auf den einige jener Aussagen, und nicht die ungewichtigsten, zur Identität der Persönlichkeit voll= ständig passen. Weiteres aber verlautet aus den mir wenigstens bis jetzt bekannten Briefen von Beurmann über einen Verkehr des Reisenden mit einem solchen Menschen gar nichts; aber vielleicht ist das bloßer Zu=

fall, da wunderbarer Weise in seinem letzten Briefe an
mich der Anfang, der wahrscheinlich persönliche Umstände
betraf, ganz zu fehlen scheint. Auch kenne ich nicht die
Einzelheiten seines in Folge auf der Reise selbst von
seinem Führer gemachter exorbitanter Forderung miß=
lungenen Versuches, von Murzuk aus in südöstlicher
Richtung ins Tebuland vorzudringen; sonst würden diese
wohl geeignet sein, über die Persönlichkeiten, denen er
während seines Aufenthaltes in Fezzan sein Vertrauen
geschenkt, einiges Licht zu verbreiten. Herr Dr. Peter=
mann wird den über jene Reise eingelaufenen Bericht
wohl bald veröffentlichen. Daß jenes mysteriöse Indi=
viduum wirklich mit dem Reisenden in naher Berührung
gestanden, darüber kann kein Zweifel sein nach der ge=
nauen Kenntniß, die er von dessen Angelegenheiten hat.
So hat z. B. Herr v. Beurmann wirklich in Murzuk,
vielleicht nach und in Folge seiner Bekanntschaft eben
mit jenem Individuum, das ihm zur Ausführung seines
Vorhabens nützlicher zu sein schien, seinen aus Abessinien
mitgebrachten, bis dahin als überaus treu und zuver=
lässig befundenen schwarzen Diener Abu Bekr entlassen
und heimgeschickt. Mit diesem vielleicht für sein eigenes
Schicksal denkwürdigen Passus beschließt der Reisende
seinen oben erwähnten Bericht. „Da Abu Bekr auf
dieser Reise sich nicht so bewährt hatte, wie ich glaubte
erwarten zu dürfen, beschloß ich, ihn von hier (Murzuk)
mit der Reitpost nach Tripoli zurückzuschicken.“ Auch
hat Herr v. Beurmann wirklich, wie in jenen Aussagen
angegeben, ganz kurz vor seinem Aufbruch nach Bornu

und Wadai einen etwa achttägigen Ausflug in die Thäler nördlich von Murzuk gemacht, und wird der Bericht über denselben eben jetzt für das demnächst erscheinende Doppelheft der Zeitschrift der hiesigen Geographischen Gesellschaft gedruckt. Der an mich gerichtete Brief nämlich, der diesen Bericht enthält, ist in Folge meiner eigenen dreimonatlichen Reise um längere Zeit verspätet mir zugekommen. Dieser Brief aber ist von größter Bedeutung für die Beurtheilung vieler jener Angaben. Er ist nämlich wenige Augenblicke vor der Abreise von Murzuk, am 28. Juni, geschrieben. Hier nun benachrichtigt mich Herr v. Beurmann in der allerausdrücklichsten Weise, daß er in Gesellschaft einer Karawane nach Bornu aufbreche. Er hat nämlich eben jenen Ausflug nur in der Absicht gemacht, die Zeit zu benützen, die ihm bis zur wirklichen Abreise der Karawane übrig blieb, da der Aufbruch, zuerst auf den 22. Juni festgesetzt, verschoben wurde, und ist er eben von diesem Ausfluge durch einen expressen Boten des in Murzuk residirenden Kaimakam oder Pascha zurückgerufen worden, weil die Karawane schon im Begriff stand, aufzubrechen. Ueber ihre Bestandtheile giebt er leider keine Details; nur berichtet Dr. Petermann nach ihm zugegangenen brieflichen Daten im achten Heft der „Mittheilungen" S. 30 f., daß sie von einem Beurmann befreundeten Araber geführt werde; daß sie auch nicht ganz gering war, sollte man erwarten, wenn sie jene schon lange in Murzuk zurückgebliebenen Geschenke für den Herrscher von Wadai, von denen Beurmann's frühere Briefe sprechen, mitzunehmen bestimmt war. Leider hat

Herr v. Beurmann nicht, wie ich ihm dringend gerathen hatte, meinen eigenen treu erprobten Diener Mohammed aus Gatron für die Reise in seine Dienste nehmen können. Auch ihn nämlich hatte der oben erwähnte französische Reisende in seine Dienste genommen und er hütete noch zur Zeit von Beurmann's Ankunft in Fezzan die Kameele des Ersteren. Allerdings hat Herr Duveyrier, wie er mich in einem Briefe vom 23. Juni d. J. aus Paris benachrichtigte, obigen Mohammed auf meine Aufforderung entlassen, aber das ist augenscheinlich zu spät für Herrn v. Beurmann's Abreise gekommen, denn der Letztere erwähnt ausdrücklich in seinem Briefe vom 28. Juni, daß er eben auf dem erwähnten Ausfluge jenen Mohammed in seinem neuen Wohnorte besucht habe und sein Gast gewesen sei. Er ist also sicherlich nicht in seinen Diensten. Da Herr v. Beurmann nun auch den oben erwähnten Abu Bekr in Murzuk entlassen hat, so ist nichts wahrscheinlicher, als daß er einen Andern an seiner Stelle als Diener gemiethet, und nichts ist glaublicher, als daß das eben jener Mensch war, der ihm mehrere Stunden entgegen geritten war und ihn auf Italienisch begrüßt hatte. Sonst weiß ich wenigstens von einem solchen Menschen nichts. Daß Herr v. Beurmann aber gerade diesen Sliman in seine Dienste nehmen mußte, wäre durch innere Gründe mehr als wahrscheinlich gemacht, wenn dieser Mensch wirklich, wie er in Benghazi behauptete, Wadai und die angrenzenden Länder, die eben das Reiseziel des Herrn v. Beurmann bildeten, aus eigener Anschauung gekannt hätte. Dies halte ich aber für eine Erdichtung. Wenn dieser Sliman, wie ich glaube, eben jener Mensch ist, den Beurmann in Murzuk fand, so können wir die höchst geringe Kenntniß, die er von jenen Ländern Binnen-Afrika's an den Tag gelegt hat, auf das Einfachste selbst ohne Reise in jene Länder erklären. Jener Mensch nämlich war zuerst längere oder kürzere Zeit mit dem mit Afrika trefflich bekannten Herrn Duveyrier zusammen gewesen und war dann mehrere Monate in Gesellschaft eben des Herrn v. Beurmann, dessen ganzes Streben auf die Erforschung des Schick-sals Dr. Vogel's und jener Gegenden des Innern selbst gerichtet war; und was eine etwas speciellere Kenntniß gerade von Wadai angeht, so hatte ja Herr v. Beurmann einen freigelassenen Eingebornen aus jenem Lande auf seiner Reise von Benghazi mit sich genommen. Aber Sli-man's Aussagen sind völlig unvereinbar mit einer genauen Kenntniß jener Länder und ihrer Einrichtungen und Ver-hältnisse, wie sie ein eigener Besuch verleiht. So ist die Nachricht von den vier christlichen Reisenden, die jene Län-der zu gleicher Zeit besucht haben, völlig verworren und ein Gemengsel aus den beiden Expeditionen, der ersten von Richardson, Overweg und mir, und der zweiten (eigent-lich Hilfs-Expedition des überlebenden Mitgliedes der ersten) von wirklich vier Europäern, nämlich Vogel mit zwei englischen sappers und Henri Warrington als Dra-goman. Auch ist die Erzählung von jenem christlichen Gefangenen in Begirmi eine handgreifliche Lüge. Abd el Kerim ist mein eigener afrikanischer Name und war ich selbst allerdings kurze Zeit eben in Begirmi gefangen

und in Ketten gelegt, aber Sliman verwechfelt diefes
Factum, das er offenbar nur aus Hörenfagen kennt, mit
dem Schicffal Dr. Vogel's, und bringt nun gar Overweg
damit zufammen, der in Bornu dem perniziöfen Fieber
erlag. Daß ein politifcher Gefangener Wadai's, und nun
gar ein Chrift, und befreundeter Gaft des Herrfchers von
Bornu, von Wadai aus nach Begirmi internirt werden
follte, ift völlig undenkbar, da der Herrfcher von Begirmi
nicht allein in Abhängigkeits-Verhältniß von Wadai,
fondern auch von Bornu fteht und beiden mächtigeren
Herrfchern Gefchenke, resp. Tribut, zahlen muß. Auch
find jetzt die Nachrichten von der Enthauptung Vogel's
in Abefchr (wie ich den Namen des Ortes nach der Aus-
fprache von Eingeborenen Wadai's felbft angegeben) oder
Befché (wie Herr Werner Munzinger ihn in Kordofan
ausfprechen hörte), der jetzigen zeitweiligen Refidenz des
Herrfchers von Wadai, fo beftimmter Art und fo über-
einftimmend, daß nicht der geringfte irgendwie ver-
nünftig begründete Zweifel daran obwalten kann. Zumal ift das mit Siegel und Unterfchrift jetzt vorliegende
Zeugniß des Scheichs Zen el Abidin, eines Mannes aus
den höchften Kreifen und von edelftem Charakter, der
wenige Monate nach dem unglücklichen Dr. Vogel nach
Wadai kam und die Umftände feines Todes von ver-
fchiedenen Seiten beftätigt fand, unumftößlich. Auch ift
nichts leichter, als den Grund diefer ganz neuen ab-
furden Angabe des myfteriöfen Sliman zu durchfchauen;
er wollte nämlich den englifchen Vice-Conful überreden,
ihn felbft nun nach Begirmi zu fchicken, wo, wie er an-

gab, Vogel wirklich gefangen sei, während Beurmann, dessen Tod er nur als wahrscheinlich hinstellte, auf einem nach ihm ganz verkehrten Wege den Versuch machte, nach Wadai vorzudringen. Unzweifelhaft beabsichtigte Eliman nichts Anderes, als mit der ihm so anvertrauten Ausrüstung durchzubrennen. Nach allem diesen ist es mir also selbst wahrscheinlich, daß Herr v. Beurmann diesen Menschen, mag er Eliman oder wie immer heißen, wirklich in seine Dienste genommen hat und mit ihm Ende Juni Murzuk auf seiner Reise nach Bornu aufgebrochen ist. Darum aber ist es noch nicht unumgänglich nöthig, daß er ihn nun gänzlich verrathen und ermordet, oder auch nur gewaltsam beraubt habe. Denn sein Kumpan aus Zella giebt an, daß Eliman schon nach sieben oder acht Tagen (nach Murzuk) zurückgekehrt sei. Diese Angabe, wenn sie wirklich dem Thatbestand entspricht, anstatt an eine Ermordung des Reisenden von dieser Hand glauben zu lassen, scheint mir im Gegentheil eine solche Annahme überaus unwahrscheinlich zu machen. Wenn nämlich dieser Mensch den Reisenden ermordet, oder auch nur gewaltsam beraubt hätte, so würde er doch nicht so toll gewesen sein, nach Murzuk zurückzukehren, wo der Reisende zwei Monate lang mit den angesehensten und einflußreichsten Männern aus Regierungs- und Kaufmannskreisen verkehrt, und in Folge seines Firmans und seiner Empfehlungen die großartigste Aufnahme gefunden hatte und wo das Verhältniß Eliman's selbst zu Jenem genau bekannt sein mußte, er also jeden Augenblick erwarten konnte, zur Rechenschaft gezogen zu werden. Man bedenke nur, was für ein kleines Städtchen Murzuk ist: es zählt kaum 2500 Einwohner. Schon daß er, wie ausgesagt, ungehindert dort seine Einkäufe machen konnte, zeigt wohl, daß man keinen Grund des Argwohns gegen ihn hatte. Und wenn nun jener maltesische Zeitungsartikel berichtet, daß Sliman gegen seinen Kumpan aus Zella geäußert habe, er habe den Reisenden bis an die Grenze von Bornu begleitet und sei dann umgekehrt, so müssen wir das entweder als geographische Unkenntniß oder als Schreib= oder Druck= fehler ansehen. Denn die Grenze von Bornu ist von Murzuk einen guten Marsch von sechszig Tagen entfernt. Wir müssen also an die Grenze von Fezzan denken, ob= gleich er selbst bis dorthin nicht im Entferntesten in acht Tagen hin= und zurückreisen konnte. Er würde also den Herrn v. Beurmann etwa bis Tegerri, dem südlichsten, schon von tageweiten Wüsteneien abgesonderten, Ort Fezzans begleitet haben und von dort zurückgekehrt sein. Was der Anlaß dieser Trennung gewesen ist, können wir nicht wissen, wir brauchen aber vorläufig nicht gleich das Schlimmste vorauszusetzen. Wäre er der Reise nur über= drüssig geworden, so würde er doch als Lohn für seine geleisteten Dienste und wohl auch als Reisekosten der Rückkehr ein kleines Sümmchen erhalten haben. Dann aber würde er, da er unzweifelhaft wenigstens ein mau= vais sujet ist, sicherlich durch Unterschleif sich noch Wei= teres zurückgelegt haben. Möglich auch, daß er Herrn v. Beurmann nicht allein betrogen, sondern auch be= stohlen hat. Hätte er ihn aber auch gänzlich ausgeplün=

dert oder selbst ermordet, Goldstücke würde er noch
schwerlich viele gefunden haben, da der Reisende sich
damit höchstens für den Fall eines unvorhergesehenen
Herauskommens irgendwo an der Küste versehen haben
könnte; denn im Innern sind europäische Goldstücke
völlig zweck=, ja fast werthlos, da das einheimische Gold
im Verhältniß zum Silber viel billiger ist. Genug,
nehmen wir den Fall an, dieser Mensch hätte sich in
Folge von Veruntreuungen oder Ueberwerfung mit Herrn
v. Beurmann von ihm getrennt, so können wir uns
wohl vorstellen, wie er den Plan faßte, nach Benghazi
zu gehen, um mit Benutzung dessen, was er von seinem
Herrn mittlerweile gelernt hatte, den Gönnern des Rei=
senden in jener ferner gelegenen Stadt einen Streich zu
spielen und von ihnen gleichfalls ein hübsches Sümmchen
zu erschwindeln. Denn er mußte von Herrn v. Beur=
mann die Dienstfertigkeit und Gastlichkeit des dortigen
englischen Vice=Consuls öfters preisen gehört haben.
Dagegen ist es doch fast unglaublich, daß der Mörder
Beurmann's die Frechheit gehabt haben sollte, sich auch
noch in Benghazi zu präsentiren, wo man, selbst im
Falle, daß er nach Ober=Egypten hätte entfliehen wollen,
wovon allerdings Andeutungen da sind, in der Folge
auf seine Spur gekommen wäre. Nur so ungefähr kann
ich den Thatbestand erklären, und hoffe, daß fernere
Nachrichten, wie ich sie jeden Augenblick vom englischen
Consulat in Tripoli erwarte, uns über das Schicksal des
Reisenden beruhigen werden. Dabei setze ich allerdings
die Richtigkeit des Mannes aus Zella im Allgemeinen

voraus; schlimmer aber wäre es, wenn auch dieser den Reisenden vielleicht als Kameelführer begleitet hätte und mit jenem Sliman schon von vornherein im Einver= ständniß gewesen wäre. In jedem Falle ist es höchst kläglich, und ein neuer Beweis der üblen Folgen des kleinlichen Wettstreites und der gegenseitigen Eifersucht der europäischen Consulate in den Städten des Orients, daß jener Schurke entlaufen konnte. Auch jener Kum= pan aus Zella hätte ganz anders ins Verhör genommen werden müssen, wenn anders alle seine Aussagen in jenem Zeitungsartikel verzeichnet sind. So wäre es von höchster Wichtigkeit zur Beurtheilung der ganzen Sache, zu wissen, ob Sliman heimlich oder offen nach Murzuk zurückgekehrt sei, und ob er dort offen seine Einkäufe gemacht habe; auch Name und Gewerbe des Kumpans aus Zella sind von größter Bedeutung. Ehe diese Lücken der Aussagen jedoch von Benghazi aus ausgefüllt wer= den können, wird das Schicksal des Reisenden schon von anderer Seite her entschieden sein. Möge diese Entschei= dung günstig ausfallen und Herrn v. Beurmann eine reiche wissenschaftliche Ausbeute vorbehalten sein. In pecuniärer Rücksicht ist ihm der Rücken nicht ganz unge= deckt, da der englische General=Consul in Tripoli, wie er mir unter dem 10. August meldete, von den ihm von mir übersandten Geldern noch einhundert Pfund Sterling zu seiner Verfügung hatte.

Berlin, den 29. November 1862.　　　 H. B.
(Heinrich Barth?)　.

Nachwort.

Dieses hiermit abgeschlossene kleine Erinnerungs-Buch sollte in seiner Entstehung die letzte Freude eines all-verehrten und geliebten Vaters sein. — Kaum acht Tage vor seinem Heimgang mußte ich ihm noch dar-aus erzählen, und er redete von diesem und jenem Zug aus dem Leben des Unvergeßlichen, und fragte, ob ich ihn aufzuzeichnen auch nicht versäumt. „Ich freue mich dieser Deiner Arbeit von Herzen," sagte er mit seiner leisen müden Stimme. „Und wie würde sich die Mutter ihrer gefreut haben! — Aber nun still davon, wir wollen uns nicht weiter aufregen mit derartigen Be-sprechungen. Bin ich doch ohnedies besorgt, daß diese schmerzliche Beschäftigung mit unserm Vielgeliebten Dich ernstlich angreifen wird. Gott sei Dank, daß Du bald fertig bist! Dein Buch soll meine erste Lectüre sein, wenn ich wieder lesen kann!" —

— Seine klaren schönen Augen sollten nicht mehr auf diesen Blättern ruhen: sie haben sich in der sechsten Morgenstunde des fünfzehnten November für die Däm-merung dieser Erde geschlossen. Ungeblendet schauen sie nun in das ewige Licht, in dessen Glanze ihnen viel-leicht die Gestalt des Sohnes erscheint, um dessen Ge-schick sie hienieden so manche Thräne vergossen, um den das treuste Vaterherz so viele Schmerzen geduldig er-tragen. —

Wir armen, doppelt beraubten Zurückgebliebenen aber

schauen fort und fort wartend in die dunkle Ferne hinaus. — Wird sie sich je für uns lichten?!

„Mein Leben gehört der Wissenschaft!" Mit diesem
Ruf hob Eduard Vogel mit kühner Hand den Schleier
jenes geheimnißvollen Bildes Afrika. — Haben ihn die
Falten jenes Riesenschleiers nur verhüllt — oder be-
graben? Ist er gefangen — oder gestorben? Diese
Fragen zu lösen war die Aufgabe jener Expedition, für
deren Ausrüstung so viele Hände helfend sich ausstreckten,
— die so viele berühmte Namen zu ihren Schützern,
Förderern und Freunden zählte. Sie ist bis zur Stunde
noch unvollendet geblieben, diese Aufgabe. Die Hoffnung auf ihre Erfüllung ruht jetzt auf dem Haupte
eines Einzigen — der Blick folgt mit gespannter Auf-
merksamkeit den Schritten eines Einzigen. — — Der
heldenmüthige Moritz v. Beurmann ist es, der allein
noch unverzagt jenen Spuren zu folgen wagt, die hinter
den Mauern Wara's verschwanden.

www.ingramcontent.com/pod-product-compliance
Lightning Source LLC
Chambersburg PA
CBHW030314270326
41926CB00010B/1363